性格リフォーム心理カウンセラー
心屋仁之助

ゲスな女が、愛される。

あっという間に
思い通りの恋愛ができる！

廣済堂出版

はじめに

どうしてゲスな女は、恋愛も人生もうまくいくの？

シンデレラは、なんで王子様と幸せになったのか、知っていますか？
継母《ままはは》や連れ子の2人の姉にイジめられても健気《けなげ》だったから？
それまで、さんざん苦労したことが報われたから？

いえいえ、まったく違います。

シンデレラが王子様と幸せになれたのは、〝ゲスデレラ〟だったからです（笑）。

「ゲス」って品性がなく卑《いや》しいことを言いますけど、シンデレラは、そういう卑しい根性があるゲスな女だったから、幸せになれたんです。

だって、ふつうあんなに虐《しいた》げられている状況で「私も、舞踏会に行きたいんです！」なんて、言えますか？

行きたいと思っても、ドレスもないし馬車もないんだから「舞踏会⁉ お城⁉ ……いや無理です！」って断ってしまうと思いませんか？

でも、シンデレラは「行きたい！」って言うんですよ。

舞踏会の当日も、継母や姉に1日がかりではとても終わらないようなたくさんの仕事を押しつけられます。やっとの思いで作ったドレスも、姉ちゃんたちに嫌がらせされて破かれてしまいます。

ふつうならそこで挫折しちゃうでしょう。

「やっぱり、私ってかわいそうな星の下に生まれたのね……」

とイジイジしてしまう。


だけど、シンデレラはメゲません！

魔法使いだ、仙女だ、ネズミだ……と、あらゆる魔法の力を総動員して舞踏会に出かけて行きます。

めっちゃ、ガッツあります。

そこまでして行ったのは、もちろん、王子様をゲットするため！

そしてなんと、舞踏会では王子様と踊ってしまっています。

シンデレラは、最初から王子様に見初《みそ》められるってわかっていたとしか思えません。

「私なんて」とイジイジしてない、ものすごい自信です。

でもその通り。シンデレラにとって、王子様に見初められるのは、当たり前だったんです。

だって、私は、かわいいから。

かわいい私は、王子様に見初められるに、決まっている。


おそらくこんなふうに思っていたんです。

なんてゲスな女だ！（笑）。


極めつけは、誰もが知っているこの名シーン。

12時に魔法が解ける寸前、慌てたシンデレラは、お城の階段にガラスの靴を片方落としてしまいます……。

このときだって、わざと靴を残したのかもしれません。

シンデレラは、わかっていたんですよ。王子様と踊ったときに、彼が自分に思いっきり気があることが。

「ああ、やっぱり私を好きなのね」

そう思ったから「彼は絶対、私を探しにくる！」って確信していたはず。

実際、王子様は国中をまわって探しにきました。

シンデレラは、先に姉2人がガラスの靴を履くのを見ています。どうやっても靴が入らない姉たちを尻目に、最後に自分が履いて、「あ、私でした！」ってシレっと言います。

召使いとしてこき使われ、ボロボロの服を着て雑巾《ぞうきん》がけしながらでも、「はい、私でした！　幸せになります！」って、王子様からのオファーを堂々と受け取るんです。

なんて厚かましい！

やっぱりゲスデレラでしょ。

いきなりシンデレラの話を出したのは、この物語は、本書で伝えたいことのエッセンスがつまっているからです。

僕が言いたいのは、「みんな、ゲスデレラであれ！」ということ。

卑しくてなんぼ。

厚かましくてなんぼ。

〝女王様キャラ〟ぐらいで、ちょうどいい。

そのわけを本書では紹介していきます。

信じられないかもしれませんが、ゲスデレラのほうが、恋愛は断然、うまくいきます。

恋愛だけじゃなく、ゲスデレラになるほど、毎日が「なんか知らんけど、うまくいく」のです。

どうして、私の恋愛はいつもうまくいかないんだろう？

どうしてダメ男にばっかり、引っかかっちゃうんだろう？

そう思う人にこそ、「ゲスデレラになって！」と僕は主張したい！

なぜなら、さっきのシンデレラの話で言うと、ふつうの人は「魔法なんか信じられない」とか「どうせ魔法が解けたら、ただのボロい馬車でしょ」とか「これ、馬って言うけど、本当はネズミだよね。私にはその程度がお似合いってこと？」と思ってしまう。

でも、ゲスな女は「夢にまで見たキラキラの馬車だわ〜！」と思える。

その差がどうして生まれるのか——？

それがわかれば、なぜゲスデレラのほうが幸せなのか、恋愛がうまくいくのか、その理由が見えてきます。

女性は誰もが、いくつになってもお姫様です。

でも、誤解しないでほしいけれど、お姫様って「かわいくて、優しくて、誰からも好かれる」人のことではありません。

〝ホンモノ〟のお姫様は、もっと腹黒い。

わがままで、自分勝手で、人に嫌われても構わないって思っている人が、ホンモノ

のお姫様。

完全にゲスデレラでしょ。

本書を読んでゲスな女、ゲスデレラになってしまえば、誰でも今日から素敵な恋愛ができます。

出会いがない人も、彼がいない人も、彼とうまくいっていない人も、結婚生活がつまらない人も、なんか最近、なにもかもがうまくいってない人も……。

ゲスデレラになってしまおう!

そうすれば笑顔の絶えない未来はすぐそこです。

私はずっといい子だったので、今さらゲスな女になれないって?

私はずっと他人の世話ばかりしてきたから、今さら自分勝手になれないって?

いやいや、大丈夫。

あなた、ゲスいから。

誰でも、本当は、ゲスいから。


この本は、一風変わった、でも最強の恋愛バイブル本です。

もし恋愛につまずきかけたら、「私、ゲスさが足りなかったかしら？」と、本書を何度でも読み返してください。

さあ、四の五の言わず、さっさとゲスな女になりましょう！

心屋仁之助

２０１５年８月吉日

ゲスな女が、愛される。
あっという間に思い通りの恋愛ができる！

目次

はじめに

プロローグ

第1章 あなたは、受け取る価値がある！

第2章 小さな自分が作った罪悪感

第3章 がんばるのをやめると、ありのままの私が現れる

第4章
ゲスな女になるために
思い通りの恋愛を手に入れる6つのステップ

プロローグ

バーベキューで、なにもしない女が、なぜモテる?

あなたに「ちょっといいな」と思う彼がいるとします。

あるとき、彼も含めた男女数名でバーベキューに行くことになったとしましょう。

嬉しいよね。そこで一気に彼との距離が縮まるかもしれない。

そんなチャンスが到来したら、あなただったらどうしますか?

彼にいいところを見せようとして、せっせと肉を焼いて、野菜も焼いて、シメの焼きそばまで作って……。その合間には、みんなにビールやらワインをついであげてと、かいがいしく働くかもしれません。

もしかしたら、家でおにぎりをたくさん握って持ってくる人もいるかもしれない。

紙コップや紙皿、お手ふき、洋服が汚れたときのためにシミ取りまで用意してくる人もいるかもしれない。

だって、そこまで気がきいていたら彼は喜んでくれそうだし、なんといっても家庭的でかわいい子だなって、彼のあなたに対する評価が上がるかもしれないからね。

一方で、こんな女子がいたらどう思いますか？

肉を焼く気がないどころか、「日焼けする〜！」と言って、車の中で避難している子。時々、車から降りるときも、ツバの広〜い女王様みたいな麦わら帽子をかぶって、まぶしそうに出てくる子。挙げ句に「ここってトイレまで遠い〜」なんて文句まで言う子。

そんな子がいたら、内心、「あんた、なにしにバーベキューに来たの？」って毒づきたくなりますよね。

また同時に、「ま、いっか。こんな子、どうせモテないから」って、ライバルが１人減ったぐらいに思うかもしれません。

実際には、どうでしょう？

これが皮肉なことに、なーんにもしないその子のほうが、モテたりするんです！

あなたが炎天下のなか、汗をかきながら焼いたお肉を、男性陣はおろか、お目当ての彼までが、車で休んでいる〝女王様〟に持って行ったりするんです。

彼女がやっていることは、「ありがとう！」と言ってお肉を受け取るだけ。それをおいしそうに食べるだけです。

女王様が「ビール飲みた〜い！」と言えば、彼はせっせと持って行く。彼女は、また「ありがとう」と受け取って、彼と楽しそうに話をしている。「ワインも飲みたいなぁ〜」なんてわがままを言いながら。

そのうち、2人はなんかいい雰囲気になって、結局、しばらくして2人はつき合いました。めでたし、めでたし……。

なにそれ、不公平‼　なんてゲスな女‼

肉を焼いたのは私！　ビールをついだのも私！　おにぎりもお手ふきも、完璧に用意したのは、全部私だー！　ってあなたは思うでしょ？

でも、モテる人ってこういう人なんです。

なーんにもしないのに、なんか知らんけどうまくいっちゃうんです。恋愛も、人生も、さらにはなーんか知らんけど、使えるお金までいっぱいあるんですよね。

こういう人のこと、なんて言うか知っていますか？

「引き算の女」って言うんです。

「引き算の女」は受け取り上手

引き算の女？　いきなり言われても、わかりにくいかな。

引き算の女とは、男になにもしない女性のこと。それどころか、してもらうばっかりの女性のことです。

言い換えれば、受け取り上手な人。

なにかしてくれたら、「ありがとう」ってにっこり。

ごちそうしてもらったら、「おいしかった！」ってにっこり。

引き算の女は〝お姫様〟キャラです。場合によってはブリっ子です。誰かがなにかしてくれたときは「きゃ〜ん！　嬉しい！」なんて平気で言えちゃう。

そんなふうに、くねくね言われたら、男はもうあかんです。メロメロですよ（笑）。

なにか褒《ほ》めたときに、「いいえ、私なんて……」などと謙虚ぶられるより、「嬉しい！　ありがとうございます！」って喜ばれたほうが、「もっと褒めちゃうよ～！」という気分になります。


え⁉　してもらうだけでいいの？

そう思うかもしれませんが、本当にそう。それだけです。

受け取り上手は、受け取るだけです。お返しもしません。

引き算の女は、「この人だ！」って素敵な王子様が現れたときに、ヒョイとその幸運の波に乗れます。

「モテそうな人だから、私には不釣り合いかも」とか「こんなにお金持ちの彼に、私なんてふさわしくない……」とかいちいち考えません。

幸運の波が来たら、とりあえずヒョイと乗っちゃうわけ。

そんな彼女に、彼はもっと喜んでほしくて、あれこれとしたくなってしまいます。

彼女が、「あれ嫌い」「これは苦手」「それはやりたくない」なんて自分勝手に言っても、「しょうがないなあ」と言って許してしまうし、もっといろいろとしてあげたくなってしまうんです。

どんなに彼にしてもらっても、引き算の女は、なにもしません。

なにもしないから、受け取ることができるのです。

やりたいことをしていると、どんどん願いが叶う

引き算の女だって、たまには彼においしいごはんを作ってあげることもあるでしょう。でもそれは、彼に喜んでもらうためではありません。
全部、自分のため。

私が食べたくなったから。
自分が作りたくなったから。
自分がそうしたかったから、そうしただけ、なんです。
自由で、気まま。でも、彼にはむちゃくちゃ愛されます。

ちなみに僕の奥さんは、完全に引き算の女です。

楽しいときはニコニコだし、そうじゃないときは、すぐに〝スイッチ〟を切ってしまいます（笑）。

彼女は、人に嫌われるとか、人にどう思われるとかはあんまり考えない。だから、自由に振る舞えるようです。


この間、2人でハワイに行ったときもそうでした。僕も含め日本人って、旅行の予定をつめ込む人が多いでしょう?

あそこに行って、これを見て、これを食べて、ここに潜って……みたいに。

でも、奥さんには、全然、そういう気がありません。

僕があれこれといろいろ調べて「ここに行く?」「これ、予約する?」って聞いても、「う〜ん。わかんない」「遊ぶと疲れるから、ゆっくりしたい」……。

結局、ノープランで出かけたら、突然「馬に乗りたい!」って言い出すわけです。

そして僕は、執事のように健気に働くだけ（笑）。

でもね、引き算の女・奥さんと旅行するようになって、僕自身、遊び方が変わりました。

ノープランで出かけて、その場で気になったアトラクションがあれば、ちょいちょいとたしなむくらい。あとは干物《ひもの》のようにグデ〜っと寝ているだけです。

今までみたいにたくさん予定をつめ込んで、「あれも、しなきゃ！」「あそこに早く行かなくちゃ！」って焦る気持ちがなくなりました。

「大丈夫。どうせまたすぐ来るし」

そう思えるようになったのです。

そうなると、面白いことに本当にまたすぐハワイに行く機会がやって来るんですよ。

「あれも、これもしなきゃ！」って思っているときは、「今度はいつ来られるかわから

ない」という心理が隠されているということ。

自分でそう思っているんだから、本当にその通りになってしまう。次のハワイは、ありません。

つまり、自分で行かせないようにしているんです。

追うから逃げられる「足し算の女」

引き算の女と対極にあるのが、「足し算の女」です。

足し算の女は、彼にあれこれとやってあげます。

さっきのバーベキューで言えば、肉焼いて、野菜焼いて、ビールをついでと、率先して世話を焼きます。

つき合ってからも、彼好みの手作りごはんをせっせと作ったり、「これしたら喜んでくれるかな?」ということを先回りしてやってあげる。

彼がインテリなら、それにふさわしい彼女になろうと、自分も勉強をがんばったり。

彼がアウトドア派で山登りが好きなら、それまでインドア派だったのに、とりあえず登山靴やウェアを買ってみたり……。
足し算の女は、めちゃくちゃ健気です。むちゃくちゃ尽くします。
あれもこれもそれも……って、どんどん足し算をしていきます。
なのに、うまくいきません。

その理由はただ一つ。
こんな私だから……と思っているから。

こんな私だから、あれもこれもしないと嫌われちゃう。
こんな私だから、彼にふさわしくならないと嫌われちゃう。
こんな私だから、もっともっと努力しないと嫌われちゃう。

そう思っているんです。
「こんな私だから、このぐらいしないと、幸せを受け取る価値がない」と思っているんです。

足し算の女は、受け取り下手です。

足し算の女は、めでたく彼ができても「こんな私だから、この人を逃したらあとがないわ！」って焦ってしまう。だから、相手のスケジュールを全部把握しておきたくなったり、「私を最優先して！」と、彼の土日の予定をすべて押さえてしまったり……。

引き算の女みたいに男に追わせていればいいのに、それができずに追ってばかりなのが、足し算の女。

でも、男はだいたい逃げるよね。怖いもん。

引き算をしていけば、愛される

足し算の女か、引き算の女か、一発でわかる面白い質問があります。

「彼は、あなたのどんなところを好きだと思いますか？」

彼がいない人は、元彼を想定してください。
あなたのどんなところを好きで、彼はつき合っていたと思いますか？
こう聞くと、足し算の女はこんなふうに言います。

「……料理が上手なところかなあ？」

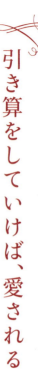

「仕事に打ち込んでがんばっているところ……?」

「いつも一生懸命に彼の相談に乗っているからかな」


では、引き算の女はなんて答えるでしょう?

「好きなところ? どこだろう? ……**私だから‼**」


は〜? って感じですよね。

でも、引き算の女は、なんで彼に好かれているのかなんて、いちいち考えません。

「私だから、好かれるの」

そう信じているのです。私だから、なにもしなくても肉を運んでもらえるし、私だから、みんなが喜ばそうとしてくれるんでしょ? って思っています。

なんて図々しい(笑)。


つまり、引き算の女のすごいところは、「ありのままの私でいい」「そのまんまの私

で誰からも好かれる」と思っているところです。

「ありのまま」「そのまんま」というのは、もともとかわいいから愛されるとか、性格がいいから好かれるとか、そういうことを言っているのではありません。

むしろ、逆。

「すごいダメなところも、ドロドロなところも、すべてひっくるめて私。そういう私でいいじゃん！」

と思っているんです。

もし誰かから嫌われたとしても、全然平気です。

だって、その人に嫌われても、私の価値は変わらないって信じているから。

これって、「はじめに」でお伝えしたシンデレラ、もとい〝ゲスデレラ〟とまったく同じですよね？

ゲスデレラは、「私だから、王子様に見初められる」って自分自身の価値を信じて疑っていません。根拠なんて全然なくても、そう信じられるんです。

ゲスデレラは、ほかの人よりもとびきりかわいかったわけではありません（知らんけど）。誰にも言われなくても、自分のことを「私は、かわいい」と信じて疑わなかったのです。

「私は、かわいい」と決めたんです。

なんて、ゲスい！

なんて、厚かましい！

だけど、ゲスデレラは、愛されるんです。

引き算していけば、愛される。

ということは、素敵な恋愛をするには、今日から引き算をしていけばいいだけの話。

でも、足し算の女にとって、それはとっても難しいことなのです。

引き算するのが怖いのはなぜ？

どうして足し算の女は、なかなか引き算できないのでしょうか。

なにもしなくてもいいんだから、すごく簡単そうですよね。

なにもしなくても、モテる。しなければしないほど、勝手に男がチヤホヤしてくるというのに（笑）。

なぜできないかと言うと、足し算の女は、引き算していくのが怖いから。すごく、怖いんです。

だって、これまでの人生でずっと、「あれをしたら、愛される」「これをしたら、認めてもらえる」と思って生きてきたから。

今までずっと「〇〇をしたら、愛される」というように、〝条件つき〟の人生を歩んできたから、その条件を失ってしまうのは、すごく勇気が必要です。

条件つきだから、彼に愛されている。
条件がなくなれば、彼に嫌われる。
……だって私だから……。
心の奥では、そう思っているのです。
だから、足し算の女は、いつも欠乏感でいっぱいです。

料理ができないから、愛されない。
優しくないから、愛されない。
かわいくないから、愛されない。
太っているから、愛されない。

愛されない理由なら、いくらでも出てきます。

だから、料理ができるようにならなければ、優しくならなければ、かわいくならなければ、がんばらなければ……って、あれもこれもできる私を目指すことになってしまいます。

足し算をせずにはいられなくなるんですね。

しかもこれには際限がありません。だって、料理ができるようになったのに、「まだ愛されていない！」と思ったら……？

「料理だけじゃダメなんだ。じゃあ、掃除も洗濯も完璧にしなきゃ！」

ともっともっとがんばるからです。

聞いているだけで疲れてきますよね。

それでも足し算の女は、いつまでもどこまでも、あれもこれもとがんばります。

なんにもしない、引き算の女と真逆です。


これまで足し算で生きてきた人が引き算するのは、タケノコの皮を無理やり1枚ずつはぎ取っていくようなものです。

あれもこれも足して、ぶ厚い皮を被って、張りぼて状態で、それでももっとどんどん足して、どうにか生きてきたのに、それをはがしていくのはしんどいこと。恥ずかしいことです。

でも、はがしていったら最後には、〝本当の私〟が顔を出します。

その姿は、絶対に人に見られたくない、自分も見たくない姿かもしれません。

でも、そんなぶ厚い皮は、はぎ取ったほうがラクだと思いませんか？

足し算の女は、どうしてこんなにも引き算するのが怖いのか、次章でその理由を考えてみましょう。

第1章
あなたは、受け取る価値がある！

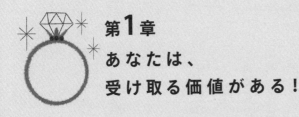

劣っているから愛されないって思っていませんか？

足し算の女は、引き算の女がすごく苦手です。もっともイラつくタイプです。

だって、なーんにもしないから。

なんにもしないのにモテるし、彼に愛されている。だからなんだかすっごく得しているように見えてしまう。

足し算の女は、心の中でハンカチを噛みしめながら、こう思います。


私は、こんなにがんばっているのに!!

彼ができたら、頼まれてもないのに、あれもしてこれもして、たくさんがんばる足し算の女ですが、その根っこには、「私は、劣っている」という思いがあります。
劣っているという気持ちがあると、次のようなスパイラルにはまっていきます。

私は劣っている。
▼
どうせ私は、ダメなんだ。
▼
ダメなんだから、人一倍、がんばらなきゃいけない。
▼
がんばったら認めてくれた！　褒めてくれた！
▼
よし、もっとがんばろう！
▼

今度は認めてもらえなかった……。もっともっとがんばらなきゃ！

▼

それでも認めてもらえない私は、ダメなんだ……。

私は、劣っている。だから、受け取る価値はない。

このような気持ちが出発点になっていると、引き算の女のように「私だから、それでいいの！」とシンプルに思えません。

劣っているから、あれもやってこれもやって、めちゃくちゃがんばるぐらいで、やっと彼にふさわしい私になれると思っています。

だから、あれこれと尽くしますが、でもその結果は報われないどころか、嫌がられて、ケンカになったり、別れてしまったり……。

そして最後は「どうせ私はダメなんだ」「やっぱり私は愛されない……」と、拗《す》ねてしまうわけです。

たとえば、彼から電話がない。ＬＩＮＥの返事がない。たったこれだけのことが、足し算の女にとっては一大事です。一気に不安がどどーんと押し寄せてきます。

それはどこかで「私が劣っているから、仕方がない」「私だから、そういう目に遭《あ》うんだ」と思っているからです。

こういう思考パターンに陥っている足し算の女は、「彼から電話がない」という単なる事実を、次のように解釈してしまいます。

「私のことが好きじゃないから、電話をしてくれないんだ」
「なんで電話してこないの？　いつも私から電話するなんて不公平！」
「なんで私から電話しなくちゃいけないの？」
「もう二度と彼から電話はないのかもしれない……」
「私、なにか嫌われるようなことしちゃったのかな？」

もうすごく拗ねています（笑）。

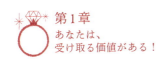

周りの人が聞いたら、「それって単なる思い込みじゃない？　いちいち気にしなくていいよ」と言いたくなります。

でも、足し算の女は、「劣っている私」が前提だから、「やっぱり、私のことが好きじゃないのかな」とか「私がダメだから電話もくれないんだ」と勝手に結びつけて、不安になったり自分を責めたり、拗ねてしまうんです。

でも、事実は「彼から電話がない」という、それだけのこと。ということは、こんな考え方もできますよね。

「彼は、すごく忙しくて電話するタイミングがないのかも」
「彼は、疲れてもう寝ちゃったのかも」

もしもその通りなら、彼が電話をしない理由は、あなたとはなにも関係がありません。あなたが好きじゃないから電話をしないって、見当違いもはなはだしい（笑）。

だけど「私のことが好きじゃないから……」って一度、ネガティブなループにはまったら最後、もうそこから抜け出せません。

でもこれが、引き算の女だったらどうでしょう？
彼から電話がなくても、「あれ。そういえば電話がないな。寝ちゃったかな〜」でおしまい。もしかすると、電話が来ることすら忘れて、ぐーぐー寝ちゃうかもしれません。そして、翌日「電話したのに出ないんだもん〜」なんて彼に拗ねられちゃうんです。

足し算すると、物ごとはどんどん複雑になる

もし大好きな彼から「本当に、キミのこと好きだよ」って言われたら、彼女だったら嬉しくなるはずですよね。引き算の女はにっこり笑って「ありがとう！」って受け取ります。

でも、それが足し算の女はできません。それどころか、あらぬ疑惑を勝手に作りはじめます。

「いつもは絶対に言わないのに、どうして『好き』なんて言うの？　もしかして、まさか、浮気した……!?」

ってね。これじゃ、あまりにも彼が不憫《ふびん》だ（笑）。

「かわいいね」「好きだよ」って言われたら、そのまま素直に「ありがとう」って受け取ればいいだけです。だけど足し算の女は、

「どうせ、私はかわいくないもん」（拗ねる）
「なんでかわいいなんて言うの？　やましいことした罪滅ぼしでしょ！」（反発）
「かわいいと思ってないくせに！」（ひねくれる）
「かわいいはずないじゃん……」（あきらめる）

こんなことを言われれば、心優しい彼も、だんだん「かわいい」「愛してる」「好きだよ」「キミってすごいね」なんて言いたくなくなります。すると足し算の女は、「もっとかわいいって言ってほしいのに……」とまた拗ねはじめます。

さらには、勝手にあれこれ妄想して、「なんで優しい言葉をかけてくれないの！」「なんで私の気持ちをわかってくれないの？」ってキレて爆発します。すごく面倒くさいです（笑）。

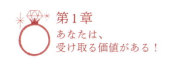

拗ねたり、反発したり、ひねくれたり、あきらめたり……。足し算の女は、いろんな感情が次々に渦巻いて、忙しい。

だから、物ごとをどんどん複雑にしてしまいます。

「私は、劣っている」という思い込みは、「どうせかわいくない私」「どうせダメな私」「どうせ愛されない私」という思いにつながります。

そしてその結果、「だから、もっとがんばらなくちゃ！」という方向に突っ走ってしまうのです。

もちろん、誰だって悲観的になるときはあります。

でも、いつも悲観的になって拗ねてしまう人は、どうしても素敵な恋愛から遠ざかってしまいます。

だけど、足し算の女だって、本当は彼に「かわいいね」って言われたい。そして素直に「ありがとう！」って言いたい。でもそのひと言が言えなくて、現実を複雑にしてしまうのが、足し算の女なんです。

がんばるから、彼も恋愛も遠のいていく

私は、劣っているからがんばらなくちゃ。
そう思う足し算の女は、「認められたい」という気持ちが強い人です。
彼に認められたくてがんばります。
その気持ちが彼に向くと、こんなふうになります。

私が、守ってあげなくちゃ。
私が、養ってあげなくちゃ。
私が、なんとかしなくちゃ。

私が、助けてあげなくちゃ。
彼を支えられるのは、私しかいない。
彼を理解できるのは、私しかいない。

そこまで思わなくても……という感じだけど、足し算の女はなんとかして彼に認められたいわけです。

この「認められたい」という気持ちは、「がんばる」原動力になってしまいます。

皮肉なことに、尽くせば尽くすほど、相手は面倒になってしまうのに。
がんばればがんばるほど、嫌がられてしまうのに。

「こんなにあなたのためを思っているのに！」
「こんなにあなたのためにがんばっているのに！」

彼からしたら、「頼んでいないよ！」と言いたいところです。だから、お礼を言うのもせいぜい最初のうちだけ。だって、頼んでもいないから。

でも足し算の女は、そんな彼を見て、「まだまだ足りないんだ！」「認められてないんだ」と、もっと尽くしはじめるのです。

そんなあなたを見て、彼はこう思います。

「うぜー！」

「面倒くせー！」

「しつこいんだよ！」

挙げ句に、あなたから離れていってしまう……。

そんな恋愛をくり返していたら、すごくしんどいよね。でも「認められたい」って思ってがんばる限り、いつまでもこういうしんどい恋愛が続いてしまうんです。

「足し算の女」と「引き算の女」の違いは「ある」かどうか

どうして足し算の女は、そうまでして認められたいのでしょう。それは、「今、その状態じゃない」「今、そういう自分ではない」と思っているからです。

「ない」からすべてはじまっています。

愛されていない。
かわいくない。
幸せじゃない。

あれがない、これがないって「ない」ことばかりに目が向いています。だからその状態をどうにか埋めたくて、がんばってしまう。

それでも望んだ結果が得られないと、

「認められないのは、私のがんばりが足りないからだ」

「かわいくないのは、私ががんばっていないからだ」

と、自分のせいにしてがんばり続けます。


がんばりが足りなければ、どうする？

……もっと、がんばるしかないよね。

がんばっても、まだ認められなかったらどうする？

……もっともっと、がんばるしかないよね。

「がんばる」には終わりはありません。「がんばる」以外の選択肢がないのです。
「私のがんばりが足りないんだ」と自分のせいにしたり、「これだけがんばっている

のに、なんで認めてくれないの！」と相手にキレたりして、いつまでもがんばり続けるしかありません。

言い換えれば、「今、その状態じゃない」自分を、ずっと責めているとも言えます。
常に「ない」が前提になっている人生は、がんばってがんばって、自分のせいにしてもっとがんばって……と、すごくしんどくなってしまいます。

では、引き算の女はどう考えているのでしょうか。

私は、認められている。
私は、愛されている。
私は、かわいい。
私は、幸せだ。

「もう、すでにある」「すでに私は持っている」が前提になっています。だから足していく必要がないのです。

もう愛されているから、がんばる必要がありません。

引き算の女は「女王様キャラ」と言いましたが、女王様って特別な女のことではありません。

特別に美人でも、頭がいいわけでも、仕事ができるわけでもありません。足し算の女よりなにかすごく優れているわけではないのです。

唯一違うのが、「ない」ではなく「ある」を前提にしているということ。

これはもう自分で決めればいいことです。「ある」ことにするのです。

「かわいいって思ってほしいな」「みんなから認めてほしいな」と他人任せにするのではなく、「私ってかわいいの！」と自分で決めればいいということ。そう信じればいいんです。

それがゲスいということ。引き算の女は、どこまでもゲスいんです。

「足し算の女」と浮気する男は、同じ欠乏感を持っている

恋愛がうまくいかない足し算の女は、実は自分で「うまくいかせないように」しています。

もう一度、言いますね。

足し算の女は、恋愛しても、うまくいかせないようにがんばっている。

なぜかって？

うまくいったら、困るからです。

なぜ？　どうして？　って思いますよね。

私は素敵な恋愛がしたいと思っています！　そんな矛盾していることを考えるはずない！

そう思いますよね。

でも、そうなんですよ。

そのいちばんわかりやすい例が、「浮気する男」と「浮気される女」の話。


彼女がいるのに、いつもいつも浮気をする男がいる。これは、その男が悪いよね。

でもそもそも、なんで浮気男は、浮気をすると思いますか？

それは、浮気をすることで、いろんな女性から認められている！　って思えるから。

男は、外で認められるとすごく嬉しいんです。

とくに、女性から認められると、ものすごく嬉しい。

「この子もかわいいな」ってアタックしてみたら、いけた！

「あの子も美人だな！」ってアタックしたら、またいけた！

「彼女がいるのに、ほかの子にも惚《ほ》れられるオレってすごい！」って、どんどん心が満たされていきます。

なんで、浮気男は、こんなにも外で認められたいのでしょう。

それは、「自分は認められない」って思っているから。

浮気男は、男として自信がないのです。

自分は認められない、愛されない人間だという根っこを持っているということ。**だから、認めてもらえることを実感するために、浮気しに行くのです。つまり、足し算しに行くのです。**

「浮気をしに行く」というのは、「自分が好きな人」のところに行くのではありません。「自分を愛してくれそうな人」のところに行くということ。

今いる彼女だけじゃ、妻だけじゃ、(愛人だけじゃ?-)、「自分は、認められている」という確証が持てない。だから、もっといっぱい愛されている証拠を集めに行くというわけ。これが、浮気です。

一方、浮気を「された」女性は、どうでしょうか。

「大事にされなかった」「私が一番じゃなかった」ということが、ものすごくイヤですよね。

でも、浮気を「された」女性も、実は浮気をする男と根っこは同じ。つまり、「自分は認められない」と思っているということ。

「私は、劣っている」

「私は、認められない」

と思っている女性は、浮気した男を見て、「ああ、やっぱり私は女としてダメなんだ」って再確認します。

「浮気をされる程度の女なんだ」

「私は彼に愛されないんだ」

「私は一番になれないんだ」

そして浮気された事実を知って「ああ、やっぱり」って自分で確認、納得するわけです。

素敵な恋愛がしたい、彼と仲良くやっていきたいと願っているはずなのに、「女としてダメな私」を再確認するために、うまくいかせないようにしてしまうんです。だから彼に「浮気をさせる」のです。

浮気を「する」男も、「させる」女も、「自分は、認められてない」という気持ちを持っているということ。

「認めてほしい者同士」が、引き寄せられて、カップルになる。

浮気を「する」男も、「させる」女も、お互いが「鏡」になっているんですね。

つまり、浮気男は、女性自身の「認めてほしい」という心の叫びの姿です。

浮気を「された」女性は、浮気男と別れるたびに、いつも思います。

「今回は、彼氏選びを間違えただけ」

「次の人なら、うまくいく！」

でも浮気男に限らず、借金男、ＤＶ男、マザコン男……。いわゆるダメ男に引っかかる人って、次の恋愛も似たようなタイプとつき合ってしまうことがとても多い。

それは、お互いが「鏡」だから。

そう考えると、足し算の女の場合も同じです。

「認められてない！　もっと認められたい！」と思っている足し算の女には、同じように「認められてない！　もっと認められたい！」と思う足し算の男が寄ってくるのです。

誰に認められたかったの？

小さいとき、こんなふうに思ったことはないですか。

本当は、やりたいことを自由にやりたかった。
本当は、わがままを言いたかった。
本当は、甘えたかった。
本当は、助けてほしかった。
本当は、怖いって言いたかった。
本当は、褒めてほしかった。

本当は、尊敬してほしかった。
本当は、自分は愛されているって思いたかった。

だけどそう思えなかった。そうできなかった。だから、がんばってがんばって、がんばっていたら、足し算の女になっていた。もっともっとがんばって、認められようとした……。

でも、ちょっと待って。

そもそも、いつ、認められなかった？
そもそも、誰に、認められなかった？
うーんと昔の幼少期までさかのぼって考えてみると、多くの人がここにたどり着きます。

子どもの頃、「お母さん」に認められなかった。

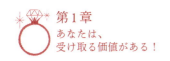

「お母さんなんて関係ない！」と思うかもしれません。

でも今、あなたが「認められていない」と思い続け、認められたくてがんばり続けているのは、ほかでもない、お母さんに認められたくてがんばっていたのです。

第2章
小さな自分が作った罪悪感

「お母さん」にまつわる罪悪感

今、彼に尽くしてがんばっているのに、なぜかうまくいかない足し算の女。「なぜ」をたどっていけば、お母さんにたどりつきます。

お母さんに認められなかった――。

今つき合っている彼に認められたいという願いは、本当は「お母さんに認められたい」ということ。

小さい頃、お母さんに認められたかったという気持ちが、彼に尽くすというかたち

で表れています。

お母さんにできなかったことを、彼で再現しているのです。

小さい頃、あなたは、お母さんのことをどう思っていましたか？

こう尋ねると、多くの人が、しばし考えたあと、こう言います。

「お母さんのこと、かわいそうだなって思っていました」

もちろん、かわいそうなときばかりではありません。笑っているお母さん、楽しそうなお母さんだって、たしかにいました。

だけど、いちばん思い出すのは、「お母さんが、かわいそう」という場面ではないでしょうか。

お父さんとケンカして、泣いていたお母さん。

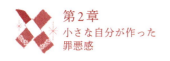

姑《しゅうとめ》とうまくいかず、机に伏して悩んでいたお母さん。
子育てで行きづまって、怒りっぽくなっていたお母さん。
パートの仕事が忙しくて、いつも疲れていたお母さん。
節約・倹約を心がけて、自分の洋服もあまり買えなかったお母さん。

泣いているお母さんは、幸せそうじゃなかった。
悩んでいるお母さんは、幸せそうじゃなかった。
怒りっぽいお母さんは、幸せそうじゃなかった。
疲れているお母さんは、幸せそうじゃなかった。
生活を切りつめるお母さんは、幸せそうじゃなかった。

あなたは、お母さんのことを、そういうふうに思っていませんでしたか？
僕の講演会に来てくれた人に「小さい頃、お母さんを見ていて、そんなに幸せそうに見えなかった人、手を挙げてくれませんか？」と聞くと、9割以上の人が手を挙げます。それも恐る恐る、まるで手を挙げることがいけないことかのように。

つまり、それほど多くの人が、お母さんが幸せではなかったことを、どこかで自分のせいだと思って責めています。

これを、罪悪感と言います。

私が、お母さんを幸せにしてあげられなかった。
私が、お母さんを困らせた。
私が、お母さんを助けてあげられなかったって、自分を責めて罪悪感を抱えているんです。

「足し算の女」はここから生まれた

小さい頃に根づいたこの罪悪感は、大人になっても消えません。だから、ちょっとしたことでもすぐに「私なんか……」「どうせ私は……」って自分を低く見積もって、拗ねてしまう悲観的モードに突入してしまいます。

「お母さんは、幸せじゃない」って思った幼いあなたは、どうするか。

まず、こう思います。

「お母さんを、助けなくちゃ！」

お母さんを助けるには、どうすればいいんだろう？

ここで幼いあなたは、決意するのです。


「私がしっかりすれば、お母さんを助けられる」

「私がいい子でいれば、お母さんに褒めてもらえる」

「私ががんばれば、お母さんは笑ってくれる」

「私が我慢すれば、お母さんに愛される」


健気だよね。

「お母さんの役に立てば、自分は愛される。お母さんは幸せになる」

幼いあなたは、そう思い込んだのです。だから、お母さんに愛されるために、お母さんを笑顔にするために、お母さんに気に入られることをしようとします。

勉強も一生懸命がんばるし、兄弟の面倒もみるし、お母さんの言うことも聞くし、学校でイヤなことがあっても、自分でなんとかしようとします。

実は、ここにとても大きな問題があります。

「お母さんの役に立つ自分でいれば、愛される」と思っていたということは、逆に言うと「お母さんの役に立たなければ、愛されない」ということになってしまいます。

つまり、お母さんの役に立ちたかったけど、助けられなかった、困らせたっていう罪悪感が、あなたの根っこにこびりついているということ。

どうにかがんばったら、そのときはじめて愛される、と思い込んでしまったのです。

足し算の女の心のクセでもある「あれをしたら、愛される」「これをしたら、認められる」という条件つきの人生は、ここからスタートしているのです。

お母さんへの思いは、彼にスライドされている

お母さんを助けられなかったという苦い思いは、大きくなって、好きな人ができたり、彼と恋愛関係になったときに、そのままスライドして表れます。

私が、しっかりすれば、彼を助けられる。
私が、いい子でいれば、彼を助けられる。
そうすれば、彼に愛される。

そういう私になれば、愛される。

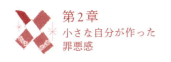

そういう私じゃなきゃ、愛される価値はない。

だから、彼に気に入られるように料理をせっせと作ったり、かいがいしく尽くしたり、あれもこれもと「足す」ようになっていきます。

たとえひどいことをされても、「私が悪いんだから、ひどいことをされるのはしかたがない」と、罰を受けようとします。

幼少期に植えつけられた罪悪感って、すごいパワーです。

そのあとも、足し算の女の「大妄想劇場」はくり広げられます。

お母さんを笑顔にできなかった私は、彼を笑顔にできるはずがない……。
お母さんを助けられなかった私は、彼を助けられるはずがない……。
こんな私と結婚したら、彼はきっと不幸になる……。

ちょっと待って。その妄想、ストップ！

がんばらないと彼に愛されないって、誰が決めたの？

もっと言えば、がんばらないのは悪いこと、罪なことって誰が決めたの？

お母さん？

彼氏？

違いますよね、あなたです。

あなたが、そう思い込んだだけです。

足し算の女の思う悲観的思考は、全部、思い込みです。


僕自身もまだ、罪悪感と戦っているときがあります。

「このぐらいしないと人に好かれない」という思いがどこかにあると、必要以上に人に気を遣ったり、必要以上にかわいそうな人が気になったり、必要以上にお金を払ってしまいます。

あるいは、「どうせ自分はこの程度だから……」と自分を責めて落ち込んでしまいます。

それって、どういうことかと言うと、自分は、「罪人」だと思っているから。

もしかしたら、子どものときなにかを言われたせいかもしれない。でもそれだって、あなたが勝手にそう受け取っただけ。

勝手に罪人だと思い込んでしまったのです。

お母さんは、かわいそうなんかじゃない！

しっかりしなきゃ。
がんばらなきゃ。
完璧を目指さなきゃ。
……そういう私じゃなきゃ愛されない。そういう私じゃなきゃ、罪を償えない。
これは全部、思い込み。だとすると、実際はどうなんでしょう。
泣いているお母さんは、幸せじゃない（ように見えた）。
悩んでいるお母さんは、幸せじゃない（ように見えた）。

怒りっぽいお母さんは、幸せじゃない（ように見えた）。

疲れているお母さんは、幸せじゃない（ように見えた）。

生活を切りつめるお母さんは、幸せじゃない（ように見えた）。


全部、あなたにとっては、そう見えただけです。

お母さんが幸せじゃなかったという事実は、どこにもないんですから。

「いや、そんなはずはありません！　本当に幸せじゃありませんでした！」って反論したい人もいると思います。

そうかそうか。でも違うってば。

お母さんは、ああ見えて幸せだったんです。


僕の知り合いの女性が、こんな話をしてくれました。

「私の両親はすごく仲が悪かったんです。お父さんはいつも夜遅く帰ってきて、朝も早く出て行ってしまう。お母さんは、私と妹の2人の子育てで大変なのに、それには非協力的でした」

うんうん。それで？　お母さんは幸せじゃないように見えた？

「もちろん。私、お母さんのことといつもかわいそうって思っていました。小学生のとき、両親がお金のことでケンカしていたのを聞いちゃったんです。私はお母さんを助けるにはお金が必要なんだ！　って思って、貯金箱からお年玉を出して、お母さんにあげようとしたこともあります。お母さんは受け取らなかったけど……」

切ない話だなあ〜！

「お母さんは、お金を受け取ってくれなかったから、私、役に立たなかったって思ってしまって……」

今はどう？　お母さんは幸せじゃないように見える？

「私、お母さんにちゃんと聞いてみたんです。『お母さんは幸せだったの？』って。そしたら、『幸せだったに決まっているじゃないの』って言われて……。私、正直、『ウソつけ！』って思いました。だってよくケンカしてたし。だから『あなたもいい歳なんだから、早く結婚しなさい』なんて心配されると、自分たちは幸せじゃなかったくせに……って思ったりして」

そうそう。そう見えても、実は2人はずっと幸せだったということ。

「そうなんですよね。実は父が定年になってからは特に、2人ともすごく仲良しなんです。だから、それを見ていると、もしかして、ずっと幸せだったのかなあって思います……」


ね？　わかるでしょ？

お母さんは、あれでも幸せだったの。

単に、あなたには幸せじゃないように見えただけ。

かわいそうな気がしただけ。

あなたが勝手に感じた罪悪感なんだから、それはなくすことができるんです。

お母さんを幸せにするために生まれてきた

先日、『かみさまとのやくそく』という映画を観に行ったのですが、その中にとても面白い話がありました。

生まれる前の記憶がある子どもに、「なんで生まれてきたの？」と聞くと、その子どもたちは口をそろえて「お母さんを幸せにしたくて生まれてきた」と言うのです。

生まれる前、「天国」なのか「空」なのかわかりませんが、とにかく「上」でテレビのような画面を見ていて、そこで自分のお母さんになる人を見つけます。

どの子どもも、自分が生まれたらお母さんが笑顔になると思って、お母さんを選んで生まれてくるのです。

きっと、お母さんを喜ばせたいという思いは、魂のレベルでみんなに組み込まれているものなのかもしれません。


でも、自分が生まれたのに、お母さんは幸せそうじゃない。

お父さんとケンカしているし、泣いているときもあるし、病気していたり、悲しそうに、いつもため息もついている……。

ここで小さなあなたは思ったのです。

「え、なんで？　どうして!?　なにかいけないことしたのかな？」

そして勝手に反省し、罪を感じはじめます。罪悪感のはじまりです。


でも、これが勘違いなのは、さっきも話した通りです。

先ほど紹介した女性も、お母さんが幸せに見えなかったから、お年玉まで差し出していました。

「あんなに不幸そうに見えたのに、幸せだったの!?」

半信半疑で悶々《もんもん》としている彼女に、僕はこう言いました。
「残念だったね～！　お母さんが幸せで」(笑)。

第3章
がんばるのをやめると、ありのままの私が現れる

どんどん引いていくと「自身」という「自信」が残る

お母さんを、幸せにできなかった。
お母さんの役に立てなかった。

小さい頃に勝手に感じたこの罪悪感は、大人になってもあなたをいろんな場面で苦しめます。

私はダメな子。
私は劣っている。
劣っている私は、がんばらなくちゃ愛されない。

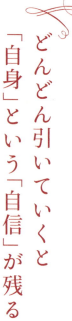

でもどんなにがんばってもがんばっても、報われない……。

この不幸のサイクルを断ち切る方法は、自信を持つこと。

自分を信じることです。

自信満々の女と言えば、引き算の女の出番です。

引き算の女がどんな女だったか、もう一度思い出してください。

引き算の女は、「ありのままの私でいい」「そのままの私で誰からも好かれる」と思っています。

そう、これです。

ありのまま、そのまんまが、「自信がある」という状態です。

ありのまま、そのまんまの素の自分を、ただ信じればいいだけです。

ありのままの自分は、失敗もするし、低い評価を受けることもある。嫌われることもあるし、人から攻撃されることもある。

でも、それでもいいんです。

それでも、私には価値があると信じる、ということ。

自信は「なくした」ものを、つけ足して手に入れるものではありません。

自信は、もともと自分の中にあるものを「取り戻す」ことをすれば、得られるものなんです。


では、認められるために、あれもこれもとつけ足してがんばってきた足し算の女は、取り戻すためにはどうすればいいのでしょう?


足してきたものを、引いていけばいいのです。

足してきたものを、全部捨てればいいんです。

がんばったからできるようになったことを、一つずつやめてしまえばいい。

捨てる勇気を持つということ。

なにもしない、役立たずな人間に戻るということ。

どんどん引いていったら、「自身」という自信が残りますから。


でも、なにもしないって、聞いただけで怖いでしょう？

そりゃ、怖いですよ。たくさんの覚悟がいるはずです。

だって、今まであれがない、これができないって、何十年もかけて一生懸命、がんばって手に入れてきたものを、全部、手放すということなんだから。


でも、怖さに立ち向かって手放してみてください。

「なんだ、こんな私でも許されるんだ」

「ダメな自分でも、大丈夫なんだ」

そう気づくことがたくさん見つかるはずです。

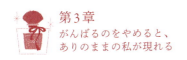

「なんだ、こんな私でも許される」「ダメな自分でも、大丈夫なんだ」という発見は、「なんだ、あったんだ」と自分の中の「ある」に気がつくということです。

1章で説明した通り、足し算の女と引き算の女の大きな違いは、この「ある」を前提にできるかどうかです。

自分の弱みを人に見られたくないと思って、たくさん重ねてきた鎧《よろい》を脱いでみると、「あれ、大丈夫かも……?」「できない自分のままで、愛されるんだ」と思える。

それが、「自信がある」という状態です。

本当の自分を取り戻したということです。

「がんばる」には2種類ある

がんばらない！

何度も言いますけど、本当にこれが、すごく大事です。

こういう話をすると、必ずこう言う人がいます。

「がんばるのは、悪いことですか？」

彼が困っていたら助けたいし、彼が悩んでいたらなんとかしてあげたい。彼が大変なときがあれば、支えてあげたいと思うのは、悪いことでしょうか……？


うん。そうだね。

結論から言えば、がんばるのは、悪いことではありません。自分が熱意をもって取り組んでいることは、大いにがんばればいい。でもそういうときって、がんばっているけど、ワクワクしているでしょう？

大事なのは、なんのためにがんばっているか、ということ。

「認められたくて、がんばる」人は、彼の役に立つため、彼に好かれるため、彼を自分のものにするためにがんばります。

それって、彼の評価、つまり人目がとても気になっているということです。

そういう人の「がんばり」は、「がんばることが好き」なのではなく、「嫌われることが嫌い」なだけということ。

「嫌われることが嫌い」だから、嫌われないためにがんばっているだけです。

そして「がんばる」ことで「愛が手に入る」と思っている。愛情は、自分が提供したなにかの対価だと思っているのです。

その根底には、「私はこのぐらいしないと人に好かれない」や、「私は、この程度の人間だから、がんばらなくちゃ認められない……」という罪悪感があります。

罪悪感を抱えているがんばりは、すごくしんどいんです。

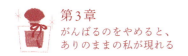

もっと「存在価値」を高めよう！

赤ちゃんって、突然泣き出して周りを戸惑わせたり、おしっこやウンチもみんな人に面倒をみてもらっています。人の手をものすごく借りています。

でも、誰からもかわいがられるでしょう？

やってもらってもお礼も言わないし、愛嬌《あいきょう》を振りまいているわけでもない。でも誰からも愛されています。

あの状態が、私たちの本来あるべき〝基本形〟です。

「がんばらなくても、愛されている」状態ということ。

なにも成果を出していないけれど、愛されている。
誰も喜ばせていないけれど、愛されている。
人に迷惑をかけているけれど、愛されている。
役に立っていないけれど、愛されている。
お金を使ってばかりだけれど、愛されている。
寝ているだけなのに、愛されている。

これは全部「なにもしていない自分」「なにもできない自分」「好き勝手している自分」です。もちろん、それを迷惑に思う人がいるのもあたり前です。だけど、それでも愛されているんです。
私たちは、本来、なにもしてなくていいし、なにもできなくていいし、なにをしていてもいいんです。

「ただ自分がいるだけでいい」ということを「存在価値」と言います。

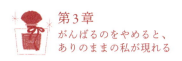

自分には、存在するだけで価値がある。
そう信じるのは勇気がいるし、半信半疑かもしれないけれど、なにもしてなくても、もともと「素晴らしい自分」だということを知ってください。それを「知らない」だけです。

あなたは、もともと白鳥なんです。だから「みっともない自分」を隠さなきゃとか、「すごい白鳥にならなければ」とがんばる必要はありません。
大きく見せる必要も、どうにか認めてもらおうとする必要もありません。

ここまで僕が何度もそう言っても、「がんばらなくていい」ということが信じられずに、がんばる人はやっぱりがんばります。

好かれようとしてしまう。
役に立とうとしてしまう。

喜ばれようとしてしまう。
尽くそうとしてしまう。
助けようとしてしまう。
なんとかしようとしてしまう。

そうしてないと、怖くていたたまれないんですね。そうしないと、彼から嫌われてしまう、周りの人が離れて行ってしまう、目の前の人が大変なことになってしまうと思っているから、怖いんです。

そして、自分で「がんばることが好き」「そういう自分が好き」だと、思い込んでしまっています。

自分の「存在価値」が信じられない人ほど、「がんばる」に逃げてしまいます。

今まですごく、がんばってきたよね。
ちゃんと成果もあげられたよね。

成果が、あげられなかったこともあったよね。

がんばれなかったときもあったよね。

そしてまた、ダメだった……。


こういう「もがき」があるからこそ「がんばらなくても、よかったんだ」って気づくときが、きっと来ます。

まずは、「がんばる」を、やめていこう。

人に尽くさないで、自分に尽くしてみる。

そろそろ、そんなふうに思っていいんじゃないかな。

全部がありのまま、そのまんまで完璧

僕はここ数年、以前からやってみたかった歌を本格的にはじめて、ボイストレーニングに通いはじめました。

ボイトレって一言で言えば、本来の声の出し方を学ぶことです。

僕たちは誰かと話すとき、べつにがんばって声を出しません。声を張って話さなくても、十分に相手と会話ができます。

それが、本当の自分の声です。

ところが、カラオケに行ったときを想像すればわかると思うけれど、歌を歌うとな

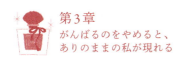

ると、みんなとたんに構えて「声を出さなきゃ！」と思ってしまいます。

そもそも、僕たちは人にちゃんと聞こえる声を出す能力を持っているのに、急に別の力を加えて、違う声にしようとしてしまいます。

そうではなくて「あなたの本来の声はこうだよ」って戻していくのがボイトレです。

もちろん、メロディに乗せて歌うとき、多少のテクニックは必要です。たとえば、ドレミファソラシドって音階も、自分では　♪ドレミファソラシド〜って歌っているつもりでも、録音して聞いてみると、「あれ？　なんか違う」ということはよくあります。

つまり、耳で聞く声と、自分が発声している声は違うので、それを合わせるためのレッスンをしていきます。

このとき、いちばん音階に合わせやすいのは、大きな声や作った声ではなく、その逆で、声を出そうとしないことです。

声も、ありのまま、そのまんまでいいということ。

もっと言うとギターもそうです。

僕は昔、プロのギタリストがギターをかき鳴らしているのを見て、すごくカッコイイなって思ったし、激しく弾くもんだと思っていました。でもギターはかき鳴らすと、音がおかしくなってしまいます。

なぜかと言うと、ギターは、そーっと弾いても音が出るように作ってあるから。ギターはペローってなでるだけで、ちゃんと音が出るように作られている楽器なんです。ゴルフもそう。ゴルフクラブはどれも角度がついていて、ボールがちゃんと飛ぶ構造になっています。だから、ふつうに振るだけでいいのに、ムダな力を入れるから変なところに飛んで行ってしまう。

僕の声もギターもゴルフクラブも、全部、そのままでいいということ。

物ごとは、すべてあるがままで、すでに完璧なんです。

ギターもゴルフクラブも、あなた自身もね。

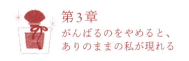

親目を気にするのは、もうおやめ

今までどんどん足してきたものを、捨てる勇気を持つために必要なのは、「自分は、なにがあっても絶対に大丈夫」という大前提です。

損しても、損しない。
傷つけられても、傷つかない。
嫌われても、嫌われない。

なぜかって、それが引き算の女が言う「私だから」です。

私だから、なにがあっても絶対に大丈夫なんです。

そういう気持ちで生きていると、自然に同じような仲間に囲まれていきます。

足し算の女は、思い切って、どんどん捨てましょう！

傲慢《ごうまん》になってもいいんです。

媚《こ》びをうらなくってもいいんです。

どんどん自由にふるまっていいんです。

あの人に嫌われるから、やめておこう。世間にヘンな目で見られるからやめておこうって、人の物差しで動く必要はありません。

あなたの人生ですから、そんなものに振り回されることほど、もったいないことはありません。

ここで主張したら、上司に怒られるかも。

こんな服装をしたら「年を考えなよ」って笑われるかも。

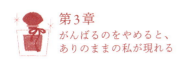

〝一人焼肉〟なんてしたら「あの人、友達いないんだ」「かわいそうな人」って思われるから、できない……。

こんなふうに気にするのも、人目を気にしているから。

僕もやってみたいけど、まだ〝一人焼肉〟と〝一人カラオケ〟はできません。

でも人の目って結局……。

親の目です。

「ちゃんとしなさい」
「口答えしちゃだめよ」
「恥ずかしくないふるまいをしなさい」
「みんなから笑われるわよ」

こんなふうに親に言われて育ったら、たしかに〝世間様〟を気にするようになってしまいますよね。

そして、いろんなことに対して「あれは、やってはいけない」「これもすべきではない」って、やりたいことに制限をかけて生きてしまう。

でも、もうそろそろいいよ。

親目を気にするのは、もうおやめ。

親の目、親の教えを破ってみてください。自分のやりたいことをするのに、親の目（教え）を気にしないように。

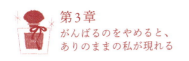

嫌われても、嫌われない

自分が自分らしくやりたいことをやって、それで嫌われたとしたら、むしろ、そういう人からは早いとこ嫌われたほうがいい。

さっきも書いた通り、僕はここ数年、歌を歌いはじめました。ギター弾きながら歌を歌って全国ツアーまでしています。

そうすると「心理カウンセラーが、歌なんて歌っていいの?」「心屋さんのカウンセリングは好きだけど、歌は理解できない」って言われます……。

だからといって、そういう人の意見を気にしていたら、ずっと歌えません。

でも、嫌われることを恐れて、やりたいことができないなんて、あまりにももった

いない！

僕の本もそう。アマゾンのレビューを見ると「学術的な根拠がなにもない」とか書かれているわけです。

いちいち人の目を気にしていたら、やりたいことなんてなに一つできなくなってしまいます。

芸能人で、わかりやすいゲスデレラの代表格と言えば、叶姉妹じゃないでしょうか？

サイボーグ並みのナイスバディを惜しげもなくさらして、「男が好き！」と言い切るあの清々《すがすが》しい感じ。どう考えても振り切っちゃっている。人の目なんて気にしていませんよね。

でも、あそこまで我が道を貫いていたら、もう中途半端には嫌われないでしょう？

すごく嫌う人も中にはいるかもしれないけど、彼女たちに共感しているファンはたくさんいます。

叶姉妹とはある意味、対極にいるけど同じゲスデレラなのは「大阪のおばちゃん」。

彼女たちも、相当なもんです。

いつも知り合いやら、知り合いじゃない人やらに声をかけて「アメちゃん、いる？」って……。

大胆にもヒョウ柄の服を着て、旦那さんを尻に敷いて、へへへへへって笑っている。旦那さんのお小遣いもそこそこに、自分は海外旅行に行っちゃうからね。海外でも、強引に日本語で通そうとする根性もある。


大阪のおばちゃんは、周りにどう見られているかなんて、まったく考えていません。

媚びないし、遠慮もない。まさに引き算の女、ゲスデレラです。

嫌われる勇気を出して、思い切って嫌われても、なにも問題ないんです。

嫌われても、嫌われない。そもそも嫌われると思っていないんです。

「×」な私も「○」な私も、どっちも価値がある

やりたいことをやっていい。

人の目を気にしないでいい。

もっと傲慢になっていい。

こう言うと、「そんな人には、なりたくありません」って言う人もいます。

「私の同僚は自分勝手で、上から目線で、あの傲慢な感じがイヤなんです。ああいう人になれって言うんですか？」と。

傲慢な人が嫌い、傲慢になんかなりたくない！　と言う人は、わざわざ傲慢な人を見つけて、「あ、やっぱり傲慢になると、人に嫌われる」と確認しています。

自分がこれまで持っていた「傲慢な人は嫌われる」という大前提を、確認しているわけです。

「あの人傲慢だよね？」

「そうだよね、感じ悪いよね」

そんな会話ができる仲間を見つけて、証拠集めをしているわけ。

でも、傲慢と言われている本人は、実は、それでも幸せかもしれません。

だから、人にとやかく言われる筋合いはない。

あなたには嫌われているかもしれないけど、ほかの人も同じように嫌っているとは限らない。いや、嫌われていたとしても、そんなの全然、構いません。（傲慢に見えるかもしれないけど）本人には愛する家族がいて、趣味で楽しむ友達がたくさんいて、やりたいことをやれて幸せかもしれません。

そう考えると結局は、〝私の受け取り方〟の問題になります。

引き算の女を思い出して、その思考から離れましょう。傲慢でもいいと思ってみてください。

傲慢になってみれば、「自分はなにをやっても絶対に大丈夫！」という気持ちが少しずつ芽生えてくるはず。

引き算の女が「私だから、大丈夫！」っていうあの感覚が、だんだんわかってくるから。

もし「私、傲慢になり過ぎ？」と不安になったら思い出してみてください。バーベキューでは肉を運ばせ、ビールをつがせ、それをただおいしそうに飲み食いするだけの引き算の女。ほんとにゲスい引き算の女のことを！

あのぐらい傲慢で、気ままで、自由でいい。

だって、「私には、その価値があるから」

私がいいんだから、それでいいんです。

がんばっても、がんばらなくてもいい。
成果があるときも、成果がないときもいい。
いい点数をとっても、とらなくてもいい。
お手伝いをがんばっても、がんばらなくてもいい。
なにをしていても、なにもしていなくてもいい。

どんなときでも、自分には価値がある。だから愛されていると信じている。
ありのままの自分、そのまんまの自分を信じている。
だから、引き算の女は、あれほどゲスになれるんです。

ありのまま、そのまんまの自分は、がんばる必要も、成果を出す必要も、実績を残す必要もありません。

なにもできない自分のままでいい、からです。

ありのままの自分で価値がある、ということにした。

ありのままの自分が素晴らしい、ということにした。

すごい自分じゃなくて、なにもできない自分、最低かもしれない自分でも、素晴らしいということにした。

それでいいんです！


あれもこれもとつけ足してきた足し算の女も、引いて、引いて、引いていくと、小さな自分、本当の私が顔を出します。


本当の私は、彼に尽くすような女じゃないでしょう?

もっと適当だし、もっと怠《なま》け者だし、褒められることなんて、なにもできない。料理だって面倒くさいし、掃除や洗濯も全然、好きじゃない。服装だって、彼好みの洋服より、自分が着たいものを着たい……。


そうそう。そういう私でもいいんです。

ゲスな女ってそういうこと。

自信があるって、そういうこと。

なにも足してない、なにも積み上げていない自信は、決して崩れません。崩れようがないからです。

自分を不自由にしているのは自分

私たちは、思えば思うほど、その思考に近づいていくという能力を持っています。いいことでも悪いことでも、強い思いは現実になります。

それがいいことにつながれば問題がないけれど、ネガティブに作用することもあります。

たとえば「否定命令」という言葉があります。

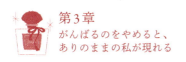

どういうことかと言うと「ダメと言われれば言われるほど、やりたくなる」ということ。

「行くな」と言われたら行きたくなるし、「見るな」と言われたら見たくなる。同じように「考えるな」と言われたら、そればかりを考えてしまいます。

……ということはですよ。


あの人のようになりたくないって思うと、あの人のようになる。


「あんなふうにはなりたくない」と思えば思うほど、その人を意識して思い出して観察してしまいます。その人のイメージをずっと頭の中で描き続けて、いつの間にかあんなにイヤだったはずの人に近づいてしまいます。

それは困るでしょう。

じゃあ、どうすればいいか。


否定しなければいい。

許可すればいい。

つまり、こういうことです。

私は、あの人のようになってもいい。

そう思うことが大事なんです。
あなたにとって、いちばん「なりたくない人」「認めたくない人」は誰でしょう。
会社にいる同僚かもしれません。もしくは「あんなにがんばったのに、褒めてくれない母親」かもしれません。
でも、いちばん認めたくない人は、あなたの中にいるはずです。だって、それを絶対に認めたくないから、あなたは今までがんばってきたんですから！

そんな小さな自分を、認めてあげましょう。大きな◎をつけてあげましょう。

自分で制限をかけているから、どんどん不自由になるんです。だったら、それを解放してしまえばいい。

私は、弱くていい。
私は、ダメでいい。
私は、自信がなくていい。
私は、かわいくなくていい
私は、大事にされなくていい。
私は、嫌われてもいい。
私は、仕事ができなくてもいい。
私は、気がきかなくていい。
私は、女らしくなくていい。
……私は、愛されてもいい。
私は、大切にされてもいい……。

「そうなってもいい」と自分に許可を出してあげてください。

許可が出たときにはじめて「そうなってもいいし、そうならなくてもいい」と、自分でどちらかを選ぶことができます。

ダメな自分も、いい自分も、どちらの自分も肯定できるようになるんです。

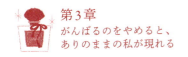

思い切って引き算してみると、うまく回りはじめる！

僕は心理カウンセラーになってからも、まだまだ足し算の女ならぬ、〝足し算の男〟をしていました。

「年収がこのぐらいになったから、自信がついた」

「セミナーに100人来たから、自信がついた」

というように、条件つきの自信を心の拠《よ》り所にしていた時期がありました。

でもあるとき、「これではあかん！」と思ったんです。

で、どうしたかと言うと……。

いったん、ほとんどすべての仕事をストップしました。

本の執筆も、ストップ。

カウンセリングやセミナーも、直近のもの以外はストップ。

そのほか、いろんなお仕事の依頼も、全部、ストップ。

引いて、引いて、引いて、引き算していきました。

もちろん、ものすごく怖いですよ。これまで何十年もかけて積み重ねてきた成果を全部、棒に振るかもしれませんから。

「二度と仕事は頼んでもらえないかもしれないな」とも思いました。そうしたら収入だって絶たれてしまいます。

でも、いいや！　やめちゃおう。


そして実際、やめてみたら、なにが起きたか？

大丈夫だった。

仕事ができない自分でも、収入が減った自分でも、取引先の信用を失った自分でも、それでも大丈夫でした。

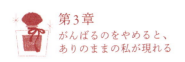

引いて、引いて、残されたありのまま、そのまんまの自分の片鱗《へんりん》を見つけた瞬間でした。

ダメな自分でいい、ダメな自分で価値があることに気づいたんです。

誰かの期待に応えようとがんばるのを、やめた。
がむしゃらに稼ごうとするのを、やめた。
結果を出さなきゃ！　と焦るのを、やめた。

がんばる、稼ぐ、結果を出す。つけ足し、つけ足しの人生には際限がありません。
だから足し算の女はしんどくなる。
だからみんなも足し算をやめて、引いてみてほしいんです。

やめる。
手放す。

断る。
離す。
捨てる。
絶つ。

そういう勇気を出したときはじめて、「ありのままの自分」がどういうことか身をもって体験することができます。「ありのままの自分で、大丈夫なんだ」とはっきりとわかります。

うまくいっても、うまくいかなくても、自分の価値が変わらないことが実感できると、な〜んか知らんけど、うまく回り出すようになるのです。

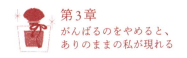

「目の高さ」を変えると、見える世界が変わる

「10階にいる人は、38階に行こう」

そう言うと、

「38階って、セレブが住んでいるところ？」

と聞かれることがありますが、違います。

一言で言えば、38階は引き算の女が住んでいる世界です。「罪悪感のない世界」です。自己価値が高いとも言います。

38階は、眺望抜群！　だから俯瞰《ふかん》して物ごとが見られます。自分と相手との関係を、客観的に見ることができます。

一方、10階は「足し算の女」が住んでいる世界です。罪悪感があり、自己価値が低い世界です。

10階の住人は、視野が狭く見晴しが悪いので卑屈になります。「どうせ」という思いに包まれて、我慢して、苦労して、努力して、妬《ねた》んで、いじけています。俯瞰して物ごとが見られないので、トラブルも絶えません。

いつも不安で、イライラして、疑って、素直に愛情を受け取れない。問題でもないことを問題にしてしまい、それを解消したくてがんばり続けてしまいます。

10階の住人と38階の住人の違いは、視野が広いか狭いか、俯瞰して物ごとが見られるか、見られないかということ。

つまりこれは、自分が「問題の渦中にいる」かどうか、ということです。

視野が狭く、俯瞰して物ごとが見られないと、目の前の現実に振り回されてしまいます。

俯瞰して見られない人は、小さなネズミも大きな猛獣に見えるかもしれない。38階の住人から見ると、点にもならないネズミなのに。

誤解しないでほしいのは、どちらか一方が「スゴイ」ということではありません。10階に住んでいる人は10階の考え方やモノの見方があり、38階に住んでいる人は、38階の考え方やモノの見方があって、どちらの目があってもいいということ。

10階のアリの目と、38階の鷹の目。

どちらの目もあるほうがいい。

つまり、10階と38階を自由に行き来できるようになればいいわけです。

引き算の女は、これをするすると行き来できてしまいます。

でも、10階にいる足し算の女は、引き算の女が住む38階がどんな世界かを知りません。だから拗ねてみたりバカにしたり、「常識がない」「ずるい」「ろくなことしてない」「うさんくさい」と否定して、近寄らないようにします。

行こうと思ったらエレベーターに乗るだけでカンタンに行けるのに、かたくなに10階に居続けるのって、すごくもったいないとは思いませんか？

拗ねていじけて、「38階は自分らしくない」「居心地が悪い」と言っていても、それは、自分の素晴らしさをわかっていないだけ。

あなたには、もっとふさわしい場所があるんですから。

あなたは、もっと大事にされて、豊かさを受け取ることができます。

それに気づいて「私だから、これでいい」と思えたら、10階から38階まで瞬時に移動ができます。

私だから、大丈夫！

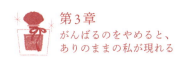

そう言えたら、それは、あなたが本来持っている、ホンモノの自信です。
38階からの眺めは、すごく見晴らしがいい！
なにより、自分自身を生きることができるから、毎日がすごく、楽しい。
だから、早く行こう！

注意：38階と10階の数字は、とくに意味はありません（笑）。

第4章

ゲスな女になるために

思い通りの恋愛を手に入れる6つのステップ

本書の最後では、足し算の女は、どうしたら引き算の女になれるのか？　どうすれば、ゲスな女になって素敵な恋愛ができるのかを、ステップを踏みながら実践できる方法をお伝えします。

と言っても、答えは簡単。

一言で言えば、

がんばるのを、やめよう。

ということ。だって、認めてもらいたくてがんばるほど、あれがない、これがないって欠乏感が生まれるのだから。

だったら、がんばるのをやめてしまえばいいんです。

でも、「がんばるから愛される」と思ってずーっと生きてきた人が、いきなりそれをやめるのは、ものすごく難しい。

僕もそうだったから、よくわかります。

僕は、20年近く大手運送会社でサラリーマンをしていました。その頃はめちゃくちゃがんばって、結果を出そうと必死でした。

だけど、どんなにがんばっても、上には上がいる。

どんなにがんばっても、業績が落ちるときもある。

どんなにがんばっても、上司に叱られることもある。

それで、だんだん気づいたんです。

もしかして、がんばることそのものが間違いだった……!? って。


でも、小さい頃から「がんばる＝いいこと」と思って生きてきた人は、どっぷりと〝がんばる教〟に入信してしまっています。だから、いきなり「脱会しろ」と言われても、ものすごく抵抗があります。

そこで、ここからは、これまでの章のおさらいもふくめて、どうやったらがんばらなくてもいいのか、引き算の女になるためにはどうしたらいいのかについて、レッス

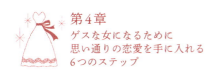

ンをしていきましょう。

大丈夫。
あなたは、必ず変われます。
あなたが変わったら、彼も変わる。
もっと言えば、あなたが変わったら、世界も変わる。
大げさじゃなく、そのことに気がつくと思います。
そして、あなたが望んでいる素敵な恋愛もセットでついてきます。

ステップ1 自分はなににフォーカスしているのかを知ろう

彼に認められたくて、がんばる。

お母さんに認められたくて、がんばる。

上司に認められたくて、がんばる。

彼に、お母さんに、上司に、あるいはほかの誰かに認められたくて、喜ばせたくて、あれもこれもつけ足してがんばっている足し算の女は、人の目が気になっている状態です。


他人からどう見られているか、常に気になっています。

他人が「いい」と言ってくれないと、自分のことを、いいと思えない。

他人が「あなたはすごい」と褒めてくれないと、自分のことを、すごいと褒められない。

他人が「あなたは価値がある」と認めてくれないと、自分のことを、価値があると認められない。

他人が「素晴らしい」と思ってくれないと、自分のことを、素晴らしいと思えない。

これって、ちょっとおかしいでしょう？　これでは「他人の軸」で生きていることになる。


同時に足し算の女は、「私は、役に立たないと人に好かれない」という罪悪感があるから、かわいそうな人や大変そうな人を見ると、助けずにはいられません。かまわずにはいられません。「そうしないと悪い」「そうしなければいけない」と思っているからです。

どちらも、他人にフォーカスしているという点では同じ。自分の人生なのに、そこには「自分」はいません。

「自分」がないと、他人に認めてもらいたくて、がんばるしかない。
「自分」がないと、みんながかわいそうと思って、がんばるしかない。
がんばって彼に褒められても、お母さんに褒められても、あなたはそこで満足することはありません。もっともっとと、がんばり続けます。褒められたときの評価を、絶対に落とせない。

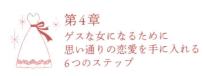

この〝がんばるスパイラル〟にはまらないようにする方法は、一つだけ。

自分に、フォーカスする。

これだけです。

つき合っている彼に、「あの人のここさえ変わればいいのに……」と思ったことはありませんか？

「どうして私のこと、わかってくれないの？」って彼を責めたときもあったと思います。でも、これはどちらも相手に要求して、相手をコントロールしようとしていることです。人にあれこれと指図されてコントロールされるのは誰だってイヤですから、彼は逃げ出してしまいます。

変わるのは、相手ではありません。

あなたです。


あなたが、変わればいい。

あなたが変われば、相手も変わります。


まず自分に、フォーカスする。

ここが、スタート地点です。

自分にフォーカスすれば、自然と相手に目が向かなくなります。相手のことが気にならなくなってくるのです。

それは、「私がなにかしてあげなくても、（相手は）大丈夫。やっていけるんだ」という大きな発見につながります。

私は、なにもしなくていい。

それは、「誰かの役に立たなければいけない」という長年凝《こ》り固まった考え方を解放するきっかけになるはずです。

ポイント

人の意見に振り回されていないか、自分の日頃の言動を見直してみましょう。人の顔色をうかがって言いたいことが言えない、やりたいことができない。そんなことはありませんか？

ステップ2

愛されようとしない

がんばるのを、やめる。これを、もうちょっとわかりやすい言い方にすると、こうなります。

愛されようとするのを、あきらめる。

そう。あきらめてしまう。あきらめたもん勝ちです。

好かれようとするのを、あきらめる。
役に立とうとするのを、あきらめる。

喜ばれようとするのを、あきらめる。
助けようとするのを、あきらめる。
尽くすのを、あきらめる。
なんとかしようとするのを、あきらめる。

一言で言えば、「ダメな私でいーじゃん！」「あいつのことも、ほっときゃいーじゃん」ということです。足し算の女がいちばん苦手なことです。
ダメな私、
弱い私、
こんな私じゃダメ！
こんな私を見せたくない！
そう思うから、見栄を張ったり攻撃的になったり、逆に消極的になったりしてしまいます。
だから、がんばること、愛されようとすることを、もうあきらめよう。

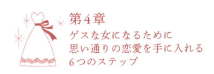

そのためにも、ダメな私や弱い私、自信がない私を、いったん受け入れてみる。

そのためにも、ダメなあの人や弱いあの人、自信のないあの人を、いったんほっといてみるということです。

それができたら、これ以上隠すものがありません。素直にもなれるし、自由にもなれる。そして当然、愛される私になれるのです。

自分がダメだ、弱いって知っているから、強さを出せる。
自分がダメだ、弱いって知っているから、人に優しくなれる。
自分がダメだ、弱いって知っているから、人の話を素直に聞ける。
自分がダメだ、弱いって知っているから、人に助けてもらえる。
自分がダメだ、弱いって知っているから、謙虚になれる。

だから、ダメな私でいい。弱い私でいい。自信がない私でいいんです。

◆ネガティブな感情は、閉じ込めないで、感じ切って

自分のダメな部分を受け入れようとするとき、ネガティブな感情がわき出てくることがあります。ずっと長い間、隠し続けてきた認めたくない自分をさらけ出すんですから、当然です。

ネガティブな感情は消し去りたくなってしまうけれど、それを「よくない感情」としてごまかしたり、なかったことにしようとしてはいけません。

「心理カウンセラーだったら、怒ったりしないんでしょう」

そう言われることがあるけど、そんなわけない！　僕だって、怒ることはあります。

ブログやフェイスブックなどのSNSをやっていると、勝手に「攻撃された」と感じた人から攻撃されたり、否定的なコメントをもらったりすることがあります。

そういうときは、悲しくなったり、腹が立ちます。人間なんだから当然です。

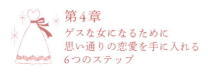

だけど、ここで「心理カウンセラーは、悲しんではいけない。腹を立ててはいけない」なんて思っちゃダメ。だから、僕は大いに怒ります（笑）。

許せん‼

あーーーー腹立つ‼

みたいにね。

こうやって感じ切ると、どうなるかというと……。

つらい、悔しい、悲しい思いが、すーーーっと消えていきます。

どんな感情も、全部、自分の感情です。

感じたなら、ちゃんと感じて吐き出すことが大事。感じ切るんです。

大げさかなって思うくらいに、大きな声を出して吐き出しましょう。

これは、自分に向き合う一歩にもなります。

また、悲しんだり怒っている人を見ると、だいたいの人は「そんなに悲しまないで」とか「そんなに怒らなくても……」と慰めたりしますけど、それもダメ。その人が感じ切るタイミングを失ってしまうから。

怒っていたら、怒らせてあげる。

悲しんでいたら、悲しませてあげる。

それを止めないで、ちゃんと感じ切らせてあげましょう。


あーーー、つらい！

あーーーーー、悔しい！

あーーーーーーー、悲しい！

あーーーーーーーーー、嫌いだ！

あーーーーーーーーーーー、腹立つ!!

大きな声を出して感情を味わうこと、感じ切ることは、ものすごく大切なことです。

感じ切れないと、感情の火種が残っていつまでも心にくすぶってしまいます。マイ

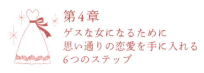

ナスの感情がいつの間にか心の中にどんどん、積もっていきます。そしてマイナスの感情は「いけないもの」として、閉じ込められたまま、蓄積されてしまいます。

だから、自分のことも、相手のことも、悲しませてあげよう。怒らせてあげよう。

ちなみに、僕の奥さんは、怒らせてくれます。怒っている僕を見て、笑っています。夫婦ゲンカのときも、多くの場合、僕が勝手に怒っていて、奥さんはほっといてくれます。

あるとき、ディナーショーに2人で行ったときのことです。そこで奥さんとケンカして、奥さんは、怒って帰ってしまいました。

僕は、追いかけることも考えたけど、そのままショーを楽しんで帰りました。

家に帰ってみると、奥さんは勝手に怒って燃え尽きて終わっていた……。そしていつもの奥さんに戻っていました。

うちの夫婦は、そうやってちゃんと「感じ切る」をやっています。

実は昔、奥さんが怒っていたとき、僕が「怒らないで」「機嫌直して」って一生懸命になだめたときがありました。

でもそのとき、奥さんにこう言われたんです。

「わたしは、怒っちゃいけないの？」

……怒っていいです。

このとき、はっとしたんですね。

マイナスを無理にプラスに転換しようとしてはいけない。マイナスはマイナスのまま受け止めることが大事なんだって気づいたんです。

だから、もしマイナスの感情が顔をのぞかせたときは、解決することを優先させるのではなく、まず、その感情を味わいましょう。

「今、私は、そう感じているんだね～」と、そのまま受け止めてあげましょう。

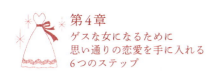

ポジティブもいい。

ネガティブもいい。

両方、あっていいよ、という考え方です。

怒る権利も、悲しむ権利も、笑う権利も、みんなにあります。あの人にも、あなたにも。

だから、止めなくても、隠さなくてもいい。味わって、吐き出してしまえばいいんです。

ポイント

「愛されたい」とがんばるのではなく、ダメな私のままでいいとあきらめましょう。もし、ネガティブな感情がわき出てきたら、消し去ろうとしないで。その感情を味わい、感じ切ると、すーっと消えていきます。

ステップ3 人に優しくしない

これまで足し算の女だったあなたは、「嫌われないように」「認めてもらえるように」「愛してもらえるように」がんばってきましたよね？　それはすごく「いい人」を演じてきたということ。

だから、引き算の女になるためには、いっそ「いい人」をやめてしまうことが手っ取り早いわけです。

彼のために、おいしいご飯を作る。
彼のために、洋服を洗濯して、干したりたたんだりする。
彼のために、部屋中をピカピカに掃除する。

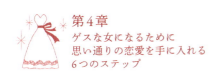

彼に頼まれたことがあれば、できる限り引き受ける。

彼が困っていたら、あの手この手で助ける。

なんでも彼の都合を優先する。


これらのことを、ぜんぶ、やめましょう。

「それは無理！　そんなことしたら、絶対、彼に嫌われる！」

「彼がかわいそう！」

そう思いましたよね？　でも、やってみないとわからない。やってみないと奇跡は起きません。


彼の役に立ちたくて、一生懸命がんばっていたことを、やらない。

我慢します。

我慢するのは、すごくしんどい。

今まで、優しくしていた人にとっては、拷問です。

彼に、子犬のような寂しそうな顔で「いつも、手伝ってくれるのに……」と言われても、絶対にやらない。手助けしない。

「君の淹《い》れてくれるコーヒーが飲みたいな」と言われても、淹れない。

「あのスーツ、クリーニング出しといて！」と言われても、出さない。

ね、拷問でしょ？


絶対、嫌われる！　そう思いますか？

まずは、実践です。これは自分のパターンを変えるということ。そうすると自分が変わるって信じてください。

◆「自分パターン」を変えて、自由を手に入れよう

「自分パターン」とは、あなたが長い時間をかけて、自分が傷つかずに済むように作り上げたパターンです。

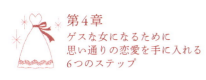

いい子を演じてきた人は、嫌われないようにといつも周りの人に優しくして、気を遣って生きてきたはずです。

そのパターンをちょっと崩してみましょう。

「いい人でいなければ、私は嫌われる」というのは間違い、勘違い、思い込みだったんですから、大丈夫！

今までのパターンに縛られる必要なんてありません。

人間は、そもそも〝変わりたくない生き物〟だから、つい、いつもと同じことをしてしまいます。

でも、同じパターンをくり返しても、同じ結果しか手に入りません。

だったら変えてみればいい。違うことをしてみればいいんです。

ちょっと怖いけど、やってみたらよかった！　ということはたくさんあります。

「食わず嫌い」のようなものです。「食べてみたらおいしかった！」ということもあるでしょう？

それと同じように、優しくするのをやめてみたら、自分のパターンを変えてみたら、「みんな私の味方になってくれた！」「人生が変わった！」という発見があるんです。

自分のパターンを変えて「これも大丈夫だし、あれも大丈夫」だと知ることは、大きな自由を手に入れたということです。

ポイント

足し算の女は、人に尽くすことばかりを考えています。まず人にやさしくするのをやめましょう。それでも自分は嫌われない、大丈夫だということがわかります。そうやって人生の選択肢を増やしていきましょう。

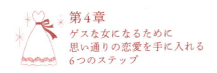

ステップ4 人に迷惑をかけてみる

「どんどん人に迷惑をかけよう」

そう聞いたら、あなたはどう思いますか？

「は⁉　意味がわかりません……？」って思いましたよね⁉

非人道的って思いましたか？

うん、そうです。だって、何十年もずーっと、「いい子」でいたでしょう。自分の感情を押し殺して、迷惑をかけないようにしてきたはずです。だからその逆をするという〝荒療治〟です。

たとえば、あなたが今まで彼にしてきたことを、彼にしてもらいましょう。

彼のために、毎日、お弁当を作ってきた人なら「私のために、おいしいお弁当を作って」と言ってみてください。

彼のために、洗濯してあげてきた人なら「私のために、洗濯して」と言ってみてください。そのあとは、たたんでもらって、ちゃんとクローゼットにしまってもらってもいいかも。

彼のために、部屋中をピカピカに掃除してきた人だったら、「私のために、部屋中をピカピカにして」と言ってみてください。

最初は怖いしドキドキしますが、拍子抜けするほどやってくれる可能性があるんですよ。

彼にやってきたことを、どんどん言ってみましょう。試しに「明日、私のためにお弁当を作って」って言ってみて。きっと彼は「そんなの無理だよー」と言いながらも、あれこれメニューを考えはじめるかもしれませんよ。

たとえもし、やってくれなかったとしても、いちいち傷つく必要なんてありません。

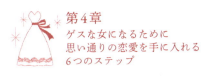

だって、あなた自身はなにも変わっていないのだから。

でも、不思議なことに、どれも彼に迷惑かけているはずなのに、嬉々としてやってくれる可能性は高いのです。

というのも、実は彼も、あなたの役に立ちたいと思っているから。

彼もあなたのために、いろいろとやってあげたいと思っているんです。

あなたが「迷惑をかけないようにがんばる」ということは、彼があなたのために「やってあげたい」という気持ちを奪ってしまうこと。

それは、相手の自信をどんどん奪ってしまうことにつながってしまいます。

そしてそれは、彼にもあなたと同じように「役に立てない」という傷をつけてしまうことになります。

迷惑をかけるということは、相手を役に立たせてあげるということ。相手に役立つ

喜びを与えることでもあります。

迷惑をかけても、きっと、彼は受け止めてくれるはずですよ。

◆甘える練習をして、愛されていることを実感しよう

人に迷惑をかけるというのは、つまり、人に甘えるということ。

長い間、「いい人」になるためにがんばってきた人にとっては、甘え方がわからない人が、たくさんいます。

甘えるって、具体的には次のようなことです。

●その人に手間ヒマをかけさせる。
●その人の時間を奪う。
●その人にイヤな思いをさせる。

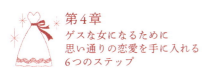

足し算の女にとって、甘えることは、本当に難しいんです。なかなか人の好意に甘えられません。人に助けてって言えません。もし好意を得たら、今度は「お返しをしなければ！」と、またがんばってしまうから。もし誰かに助けてもらったら、「申し訳ない」って自分を責めてしまうからです。

甘え方がわからないのは、甘えられたことがないから。そして甘えないように、がんばってきたからです。

たとえば、小さい頃、お母さんの役に立ちたいと思っても、お母さんは自分に甘えてくれなかった、頼ってくれなかったという思いはありませんか。

それが心の根っこにあると、甘え方がわからないまま、

こんなことしたら、嫌われる。

こんなことしたら、捨てられる。

こんなことしたら、役に立たないと思われる。

こんなことしたら、お母さんが困って、怒って、悲しむ。

……と親の目、人の目を気にするようになってしまいます。

でも、これからは、どんどん甘えましょう！

私のために、手間ヒマかけてください。
私のために、時間を使ってください。
私のために、イヤなことも引き受けてください。

これらをちゃんと、相手にしてもらいましょう。それが甘えるということ。
ずっと「いい人」をやってきた足し算の女は、甘えようとしても、相手に迷惑がかからない範囲でしか、甘えられなかったはずです。
相手の様子をうかがって「あ、大丈夫だ」と思ったら、ちょっと甘えてみる……という感じ。

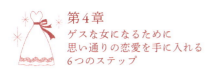

でも、迷惑をかけるくらいのことをやらなければ、甘えたことにはなりません。

今までさんざん「いい人」をやってきた人にとっては、これくらいやってちょうどいいんです。

図々しくいきましょう（笑）。

実際に甘えて迷惑をかけてみると「それでも自分は嫌われない」ということ、自分が恐れていたことなんて、全然、おきなかったということに気がつきますよ。

ポイント

自分のために手間ヒマをかけてもらったり、彼の時間を奪ったり、彼にしてあげていたことを、してもらいましょう。たくさん迷惑をかけると、受け取る喜びと与える喜びをお互いに感じることができます。

ステップ5 「お母さんを捨ててもいい」と言ってみる

小さい頃、お母さんの役に立てなかった、助けられなかったと思っていた小さなあなたは、役に立とうとしてがんばってきました。

でも、あなたが必死になって助けなくても、お母さんは幸せに自分の人生を生きていくことができるんです。それに気づくためにも、「お母さんを捨ててもいい」って言ってみてほしいのです。今、声に出して言ってみてください。

「お母さんを捨ててもいい」

言えましたか？

「言うだけなら、簡単」と思いつつ、いざ声に出そうとしたとたん、最後まで言えなかったり、なぜか突然、泣いてしまうという人はたくさんいます。

もし、つかえてしまった、言えなかったという人がいたら、ひとまず深呼吸して一時休止。そして、明日にでも、改めてお母さんに聞いてみてください。


「お母さん、幸せだった?」って。


お母さんは、あれも大変だった、これもしんどかったと文句を言いつつも、「幸せだったわよ〜!」ってあっけらかんとして言うと思います。

あなたは、「あんなにお父さんのグチを言っていたくせに!」と思うかもしれない。80〜82ページでお伝えした女性も、お母さんから「幸せだった」と言われて、そんなはずはないと信じられませんでした。

実はあの話には後日談があります。

その女性のお母さんは、こんな話をしてくれたそうです。

「あなたはお姉ちゃんで、妹は3歳年下でしょ。だからつい『長女なんだから、しっかりしなさい！』って言っていたかもしれない。お父さんとケンカしたときも、関係のないお姉ちゃんに八つ当たりしたこともあったと思う。そういうことが積み重なって、もしもお姉ちゃんが、『妹のほうがかわいがられた』『私は嫌われているんだ』って思って過ごしてきたなら申し訳ないと思うわ」

そしてそのあとに、こう言いました。

「いろいろあったけど、お母さんはすごく楽しい人生を歩めていると思ってるよ」

あなたのお母さんも同じです。本当は幸せだったんですよ、ああ見えても。

文句もグチも、お母さんは、ただ言いたくて、言っていただけです。

大変だ、つらい、しんどいって言うのが好きだっただけ。

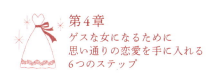

それをあなたが勝手にお母さんはかわいそうだと思い込んで、幸せにしなきゃ、そのためには役に立たなきゃ！　とがんばりはじめただけなんです。

だから、もしこれからもお母さんが「大変なのよ〜」って言ったら「そうなんだね

〜」って聞き流せばいいということ。

あなたはもう、お母さんのために、なにもしてあげなくたっていいんです。


だって、お母さんは、ずっと幸せだったから。


それが実感できたら、もう一度挑戦してみてください。

「お母さんを捨ててもいい」

きっと不思議なぐらい、すんなり言えると思います。

だって、お母さんは、幸せだったから。

それが、事実だから。

もう、私がお母さんの役に立つ必要はない。

「お母さんを、捨ててもいい」と言えた日から、あなたもお母さんも、それぞれが自分の幸せに向かって歩いて行けます。

実はここに、もうひとつ落とし穴があります。

そう簡単に、お母さんが幸せだって、認めるわけにはいかないんです。**だって、お母さんが幸せだったことを認めてしまうと、自分が何十年もがんばってきた努力が、全部、ムダになってしまうから。**

だから、お母さんが幸せだったなんて認めたくない。認められない。

「あの人たちが幸せだったら、私、いったい今までなにしてたの!? これまでの時間返してよ！」

そんな気持ちになってしまいますよね。ものすごく損した気分になるから、気づきたくない。

「実は私の勘違いだった」なんてことは、素直に認められません。

そのとき、どうすればいいか。その方法は一つしかありません。

「あーーーーーーーーー、残念!!」

と言ってみる。ステップ2で紹介したように、その感情を感じ切りましょう。

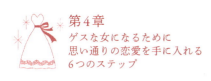

椅子に深く腰掛けたり、寝っ転がったり、できるだけリラックスした状態で言ってみてください。

「あーーーーーーー、残念!!」

「無駄な努力してた!」

「バカだったなあ〜、私。あーーーーー、残念!!」

そう言ってみると、もう笑うしかないのよ。アハハハハ……ってなんとも言えない〝脱力笑い〟が出てくる。その笑いが出たら、もう大丈夫。

その瞬間から、人生が、コロッと変わります。

ポイント

「お母さんを捨ててもいい」と口に出して言ってみましょう。もし言えなかったら、お母さんに「幸せだった?」と聞いてみて。そしてお母さんが幸せだったことが実感できたら、今までがんばってきた自分を笑い飛ばしましょう。

ステップ6 毎日でも、つぶやいて!「どうせ、私は愛されてる」

ここまでステップを踏みながら、「がんばらない」とはどういうことか、マスターしてきました。

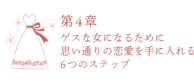

最後に、とっておきの言葉、毎日でもつぶやいてほしい魔法の言葉をお伝えします。

どうせ、私は、愛されてる!

足し算の女は、「どうせ、私は○○だから」と、自分を認められません。でも、それがログセ、考え方のクセになってしまっているなら、それを逆手にとってしまえばいいんです。

どうせ、できない。
どうせ、愛されない。
どうせ、私は無理。
……という大前提から、

どうせ、うまくいく。
どうせ、愛されてる。
どうせ、私は素晴らしい。

に変えてしまえばいいんです。
「どうせ、ダメだし」と思っていると、ちょっとしたことで「ほらね、やっぱりダメだった」と、「ダメだった」という証拠を見つけようとしてしまいます。

すると、どんどん同じ現象が周りに集まってきます。「ダメ」なことや「無理」なことだらけになってしまいます。

なんか知らんけど、うまくいかないんです。

だから、大前提を変えてしまいましょう。

そうすると「ほらね、やっぱりうまくいった！」という「愛されている」証拠や、「自分は素晴らしい」と思える証拠がどんどん周りに集まってきます。

ラッキーなことや、ついていることに囲まれていきます。

なんか知らんけど、うまくいってしまうんです。

なんか知らんけど、いろんな人に助けてもらえるんです。

だから、毎日、どんどん言ってください。

「どうせ、私は愛されてる！」って。

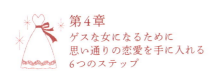

これ、嘘八百でもないし、ただのおまじないでもありません。
本当にみんな、どうせ、愛されているんです。

あなたは、愛されているんです。
あなたは、認められているんです。
そのままの自分、なにもしない自分のままで、十分に愛されているんです。
だから、堂々と声を大にして言ってほしい。

どうせ、愛されてる!!!

◆つぶやいているのに、うまくいかない人へ

「どうせ、愛されてるって言葉ではちゃんと言えるけれど、心ではそうは思えないんです」って言われることがあります。

言ってみたけど、うまくいかない。

言ってみたけど、どうしても愛されているなんて思えない。「いったい誰に愛されているの!?」って思ってしまう……。

こういう人は、「どうせ、愛されてない」ということを、かたくなに信じてしまっています。


ちゃんとしてないと、愛されない。

結果を残さないと、認められない。

ちゃんとしてないから、怒られる。


だから、そういう出来事ばかりに囲まれて「やっぱり、愛されなかった」「やっぱり、見捨てられた」と、その「信じていること」を強化してしまっています。

僕はそういう人を見ると、本当に不思議に思います。

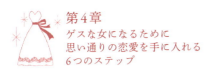

なんで、ネガティブなほうだけ、信じてんねん!!

ネガティブなほうは信じられて、どうしてポジティブなほうは、信じられないんだろう?

もう、いい加減、そんな思い込みは、捨ててもいいでしょう?
もう、そんなに自分のことを追い立てなくても、責めなくてもいいでしょう?
何度も言うけど、だって、どうせ、愛されているんだよ。
あなたに罪は、ないんだよ。
あなたが望んでいようといまいとね。

今までの人生で、あなたは何万回も「どうせ、愛されてない」と言い、何十万回も「どうせ、うまくいかない」って思ってきたはずです。
そういう人が、「どうせ、愛されてる」とたった100回ぐらい言ったところで、いきなりスパっとは変わらない。
今までの人生でさんざん「どうせ、愛されてない」「どうせ、うまくいかない」と言ってきた回数を超えるぐらいに「どうせ、愛されてる」「どうせ、うまくいく」と言ってみよう！

ポイント

ステップをやっていく過程で不安になったり臆病になったとき、呪文のように「どうせ、私は愛されてる」をつぶやきましょう。言い続けることで、あなたの中のもう一人のあなたが、だんだんと癒やされていきます。

あなたが変われば、周りも変わる！

ここまでのステップに挑戦してみて、どうでしたか。

紹介した方法は、「人として、やってはいけないこと」と思っていた人にとっては、実行するのはとてつもなく勇気がいると思います。

そもそも、それ以前に、まったく理解できないという人もたくさんいると思います。

だって、今まで信じてきたことの真逆なことばかりですから、ね。


小さなことから、ちょっとずつトライしていこう。

いつもニコニコしていた人は、無意味に愛想をふりまかないようにしてみるとか、なにかお願いごとを言われても聞こえないふりをするとか、「わからない」「できない」「やりたくない」「忙しい」を連発して断ってみるとか……。

ちょっとずつ挑戦してみると、「ここまでやっても、大丈夫なんだ」って、ちょっとずつ実感できます。

それをくり返していくと、もう立派な引き算の女が出来上がります。

やってみるとわかるけど、面白いことに、なぜか応援してくれる人が増えていきます。

でも、これがまさに引き算の女なんです。

あんなにがんばっていたときは、誰も認めてくれなかった（と思い込んでいた）のに……。皮肉だけれど、でも、本当です。

こんなにみんなが応援してくれるんだ、自分は愛されているんだと実感できるようになります。

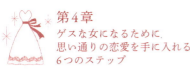

優しくせず、迷惑をかける。
それでも、みんなが優しくしてくれることがわかります。
彼だってそう。怒るどころか、協力してくれることがわかります。
それはあなたにとって、あり得ないほど大きな変化になると思います。

自分が変われば、相手も変わる。
それは本当のことです。

これからは、彼にどんどん役に立ってもらってください。
そして、彼がなにかしてくれたら、素直に「ありがとう」って受け取ってください。
引き算の女は「受け取り上手」なんですから。

ゲスな女の世界へ、ようこそ

さあ！　もうがんばって「いい人」になる必要なんてありません。
「いい人」から「どうでもいい人」になってしまえばいいんです。

長い時間をかけて、「これをしたら、嫌われる」「これを言ったら、愛されない」と思い込んできた自分の中のタブーから解放されると、目の前の問題は、いつの間にか消えているものです。

自由に生きている人ほどタブーが少ないのは、引き算の女を見ればよくわかるはず

です。

引き算の女は、あなたにとって「あり得ない」というハードルを、簡単にすいすいと飛び越えていきます。

それはどうしてかと言うと、罪悪感がないからです。自分を閉じ込めて、言動を制限する思い込みがないからです。

それもそのはず「自分のままでいい」「私だから、それでいい」ということを知っているからです。


「これが正しい」と限定するのではなく、「どれもいい」

「これが間違っている」と責めるのではなく、「どれも間違ってない」

「失敗してはいけない」と怖れるのではなく、「どんどん失敗しよう」

「許してはいけない」と縛るのではなく、「許してやろう」

「嫌われてはいけない」と脅えるのではなく、「嫌われてもいい」

「ちゃんとしなければいけない」と厳しくするのではなく、「ちゃんとしなくてもいい」

もし、彼に対していつもこんな気持ちで接することができたら、すごくいい関係が築けると思いませんか？　なによりあなたがとっても自由に恋愛を楽しむことができるはずです。

そのときこそ、ゲスな女の誕生です。

あなたの人生劇場、今まではお母さんが主役で、あなたはみすぼらしい脇役だったかもしれません。でもこれからは、あなた自身の幸せなストーリーの主役に躍り出てください。

あなたが願う素敵な恋愛、幸せな恋愛をどんどんしてください。

バーベキューに行ったときはどうすればいいか、もうわかりますよね？

人生のシナリオは決まっている

エピローグ

あなたが今、彼がいないのなら、僕からのアドバイスは、これです。

適当に生きとったらええ。

あなたが今、彼や夫はいるけれど、うまくいってないなと思い悩んでいるとしたら、僕からのアドバイスは、これです。

適当に生きとったらええ。

これ、適当に言っているのではなくて、本当にそう思っています。

世の中には、「ロールプレイングゲーム」ってあるでしょう？

あの画面の中でくり広げられていることは、全部、誰かがプログラムしたもの。プログラムが無数にあって、プレイヤーがどれを選んでいくかだけの話です。

つまり、シナリオは全部、作られているということ。

右に行くシナリオも、左に行くシナリオも、途中でボスキャラに出会って助けてもらうシナリオも、全部、すでに決まっているということ。

僕はね、人生もこれに近いと思っています。


みんなの人生には、すでにシナリオがあるということ。

だとしたら、適当に生きとったらええって思うんです。

たとえば、あなたの目の前に、見た目がめちゃくちゃいいけど貧乏な男と、めちゃくちゃ金持ちだけど見た目が悪い男がいたら、どっちとつき合うだろうか？

このとき、選択肢は3つあります。
●貧乏男を選ぶ。
●金持ち男を選ぶ。
●どちらも選ばない。
でもどれを選んでも、そのあとのプログラムも全部、用意されています。

どれを選んだとしても、その選択は「私が決めた」ということ。

なんでそれに決めたのかと言えば、その理由は「それに決めたかったから」ということですよね。

でもみんな「自分が、これを選んだ」と思っているかもしれないけど、でもちょっと違う。

3つの選択肢を前にしたとき、頭の中に電気のようなものが流れて、その電気によって、「なんとなく……」「ビビっときた」というように、あなたは結論を出したのです。

その電気って、誰が流したの？
そんなことできるのは、一人しかいません。

僕は神様が流したと思っているんです。

これが、僕の思うシナリオであり、言うなれば人生は宇宙の采配ということです。

一人ひとりが、神様の粒

僕たちの日常生活にあるすべては、全部、電気のかたまりです。コーヒーもコーヒーカップも、机も空気もね。

そして、僕らの体も、電気のかたまりでできています。

その電気は神様によってもたらされていると考えると、電気の一粒一粒は、神さまの粒ということ。

僕らの体は、神様の粒でできているんですね。

僕らは、神様の一部だということです。

そう考えたら、どう思う？

ありのまま、そのまんまで大丈夫ということ。
がんばらなくても、ちゃんと守られているということです。

だから、適当に生きていればいいんです。毎日、好き勝手に、超楽しいことをして生きていけばいいんです。
それが、ゲスな女ということ。

ゲスな女は、堂々としている。
ゲスな女は、卑屈にならない。
ゲスな女は、チャンスにしり込みしない。
ゲスな女は、自分に自信を持っている。

ゲスな女は、やりたいことには貪欲《どんよく》になり、あきらめない。

そしてゲスな女こそが、少しの魔法を呼び込むことができるんです。


つまり、ありのまま、そのまんまのあなたで完璧だからこそ、堂々としててもいいし、卑屈にならなくてもいいし、私だから！　っていう根拠のない自信があってもいいということ。

だから、ありのまま、そのまんまで、なにも足さずに楽しく生きていればいい。


適当に生きていても、その人にとって必要なものは、その人にとって必要なタイミングで、必要な分だけ、ちゃんともたらされます。


試練もラッキーもね。

それらは、あなたがどんなにがんばろうがサボろうが、ポジティブだろうがネガティブだろうが、いつでもあなたのそばにあります。

彼との出会いも、イヤな人との出会いも、ラッキーな出来事も、劣悪な環境も、見るもの聞くもの触れるもの、すべて笑ってしまうぐらいに、ベストなタイミングであなたに手渡されます。

あとは、あなたがそれを受け取るか、放り出すかということ。

それを決める気持ちも、ベストなタイミングで動き出します。

嬉しいと思うとき、幸せと思うとき、なんだか腹ただしいとき、逃げ出したいと思うとき、意地悪な気持ちになったとき、あったかく優しい気持ちに包まれたとき……。

そういう気持ちも「今、思った」瞬間が、ベストなときです。

神様の粒が集まって、あなたというかけがえのない人間ができているのですから、ゲスデレラとして、どうぞ図々しく堂々と、生きていってください。

おわりに

〝庶民〟のみなさんへ。早く、ゲスデレラの世界にいらっしゃい

ここまで読んでくれた、庶民のみなさん。

あなたは、まだいろんな理由をつけて、いろんなものを足して、あれがない、これがないって言っているの？

いつまで足りないものを埋めようと、必死になっているのでしょう？


そんな調子だから、いつまでたっても庶民なんです。早く、私のようにゲスデレラ

になりなさい。オホホホホ。

「その高笑い、ムカつく！」ですって？

ムカつかれても、私はいっこうに構わない。あなたみたいな庶民にいくら言われても、なんとも思わないのよ。


だって、私はゲスな女だから。

だいたい、ゲスデレラはあなたのような庶民たちに、今までどれだけ批判されてきたと思っているの⁉


あいつ、傲慢でわがままでサイテー！

あいつ、ホント仕事できない！

あいつ、非常識だから大っキライ‼

こんなふうに嫌われて、友だちが去って行ったことが何度あったことか……。

庶民のみなさんのように、〝ほどほど〟じゃない分、痛い目にも遭うわけ。

ゲスデレラって、ラクな面ばかりじゃないのよ。


でも、一度、ゲスデレラになったら、もう引き返せない！

だって、ここはパラダイスだから！

だまされたと思って、早くゲスデレラの世界にいらっしゃい。


ゲスデレラの世界は、「私は、そのまんまで価値がある」という世界。

「私は私だから！」って堂々と生きられる世界は、これまでの世界とはまったく違って見えるはず。

やりたいことだけを、毎日、やって過ごせる日々よ。

そこに、庶民の目、親の目、世間の目はまったく関係ない。

いいところも悪いところも全部見せられる。

全開だから、豊かさも愛情も入ってくるの。

あなたの心を遮《さえぎ》るものは、なにもない。
「やりたいから、やる！」って堂々と言える。
「イヤだから、イヤ！」ってきちんと言える。

なぜなら、私だから！

あたり前じゃない。
私の価値は、私が決めているんだから！

本書を読んで、

「私は今日からゲスデレラになる！」

そう決めた庶民のみなさん。でもちょっと注意して。

これまであなた方庶民は、罪悪感や「劣っている」「認められない」「どうせ私は……」って、何十年、何百年（!?）も思ってきたはず。

だから、せっかくゲスデレラの世界に一歩、足を踏み入れたのに、ちょっと油断すればすぐに〝庶民〟（罪人）の顔が飛び出すの。

そんなときは、思い出して。


「私には、まだまだゲスさが足りないんだ！」

「私には、なんの罪もないんだ！」

「もっとどんどん、自分を開いていこう！」


って。残念ながら、長年庶民をやっていると、そう簡単には「真のゲスデレラ」にはなれないのよ。

あなたがゲスデレラになったかどうか確認するために、最後に一つ、問題を出すわ。

庶民のみなさん。
あなたは、いつ、幸せになりますか？

「あれができたら、
これが手に入ったら、
あれがなくなったら、
あそこまで行けたら、
そうしたら、幸せになれるはずです」

はあ……（ため息）。
全然、わかってないのね。あなた、それじゃすぐに庶民行きよ。いえ、いつまでたっても庶民のままよ！

そうじゃないでしょ。私なら、こう答えるわ。

私は、すでに幸せ!!

当然でしょう。
私は、幸せ。そう決めたから、幸せになるの。

なにもできなくても、なにもしなくてもすでに愛されている。
認められない、役に立たない、愛されないことに怯《おび》えて、ひたすらがんばる庶民でいる必要はないのよ。

「今」
「この状態」
「うまくいってない現状」

を丸ごと幸せだと思えばいいの。

その瞬間に、過去と未来が幸せになるんだから。

なにもない、なにも叶ってない、ダメダメな今を幸せって言うことが「本当の幸せ」なの。

なにもない、なにも叶ってない、ダメダメな今を幸せって言うのは、「感謝する」ことと同じなの。

わかる？

人にいっぱい迷惑をかけているから、もう感謝しかないの！

ゲスデレラの境地はここよ、ここにあるの！

幸せでも風邪をひくし、信号に引っかかるし、文句も言われるし、イヤなタクシーの運転手にも当たるの！

でも、そんな全部を込みで、幸せと言うの。
幸せは、自分の中で探せばいい。
すでに、あることがちゃんとわかるから。
少なくとも、私はゲスデレラで毎日、幸せ。
だから庶民のみなさん、早くゲスデレラの世界にいらっしゃい。
そうしたら、いつの間にか勝手に、お目当ての男が向こうからやって来るわ。

ゲスデレラの心屋仁之助より

心屋仁之助

こころやじんのすけ

心理カウンセラー。兵庫県生まれ。大手企業の管理職として働いていたが家族や自分の問題をきっかけに心理療法を学び始める。それが原点となり、心理カウンセラーとして「自分の性格を変えることで問題を解決する」という「性格リフォーム」心理カウンセラーとして活動。現在は京都を拠点として、全国各地でセミナー、講演活動やカウンセリングスクールを運営。その独自の「言ってみる」カウンセリングスタイルは、テレビ番組を通じて全国に知られることとなり、たったの数分で心が楽になり、現実まで変わると評判。

現在は個人カウンセリングは行っていないが、スクール卒業生により全国各地で心屋流心理学のセミナーやボランティアでのグループカウンセリングが広く展開されている。発行しているメールマガジン「たった一言！あなたの性格は変えられる！」は4万人を超える読者に支持され、公式ブログ「心が　風に、なる」は月間1000万アクセスの人気ブログ。著書累計は280万部を突破。『「めんどくさい女」から卒業する方法』『ダメなあいつを、なんとかしたい！』（ともに廣済堂出版）、『人間関係が「しんどい！」と思ったら読む本』（中経出版）、『心が凹んだときに読む本』（王様文庫）、『奇跡の言葉』（経済界）、『すりへらない心をつくるシンプルな習慣』（朝日新書）、『一生お金に困らない生き方』（PHP）、『人間関係や仕事、恋にも有効！マンガで学ぶ心屋仁之助の「非常識」でコミュニケーションはラクになる』（メディアファクトリー）などがある。

公式ホームページ「心屋」で検索　http://www.kokoro-ya.jp/
公式ブログ「心が　風に、なる」　http://ameblo.jp/kokoro-ya/

カバーデザイン＊高瀬はるか
本文デザイン＊ツカダデザイン
イラストレーション＊小巻
編集協力＊三浦たまみ
担当編集＊真野はるみ（廣済堂出版）

ゲスな女が、愛される。

あっという間に思い通りの恋愛ができる！

2015年8月25日　第1版　第1刷
2015年10月30日　第1版　第4刷

著　者　心屋 仁之助
発行者　後藤 高志
発行所　株式会社 廣済堂出版
〒104-0061 東京都中央区銀座3-7-6
電話　03-6703-0964（編集）
03-6703-0962（販売）
Fax　03-6703-0963（販売）
振　替　00180-0-164137
URL　http://www.kosaido-pub.co.jp

印刷・製本　株式会社 廣済堂
ISBN　978-4-331-51964-6　C0095